spéci
bonsa

marabout

spécial bonsaï

Fiona Hopes

Traduit de l'anglais par Catherine Bon
Adaptation : Élisabeth Boyer et Claire Musters
Mise en pages : les PAOistes

Pour l'éditeur, le principe est d'utiliser des papiers composés de fibres naturelles, renouvelables, recyclables et fabriquées à partir de bois issus de forêts qui adoptent un système d'aménagement durable. En outre, l'éditeur attend de ses fournisseurs de papier qu'ils s'inscrivent dans une démarche de certification environnementale reconnue.

ISBN : 978-2-501-06360-9
Dépôt légal : février 2010
40 3752 9
Imprimé en Espagne par Impresia Caytosa

sommaire

introduction

le bonsaï, hier et aujourd'hui

Si les mots *bon* et *saï* signifient « arbre sur un plateau ou arbre en pot » en japonais, un bonsaï est bien plus que cela. Car la culture et l'entretien d'un arbre en pot ont donné lieu à l'élaboration d'un art et d'une technique que l'on pratique depuis des centaines d'années en Extrême-Orient.

Pour créer un bonsaï, il faut être artiste, car on travaille sur un matériau qui pousse et évolue sans cesse, de sorte que l'œuvre n'est jamais achevée. Il faut aussi avoir les talents d'un artisan qui perçoit le potentiel de son matériau et l'exploite, utilisant ses outils et sa technique pour engendrer un objet d'une grande beauté. Mais le bonsaï, c'est aussi une grande subtilité dans l'art du jardinage. C'est apprendre à prendre soin d'une œuvre vivante, à comprendre ses besoins et ses petites manies, à découvrir son caractère et à aimer la nature imprévisible de l'arbre en pot.

L'art du bonsaï consiste à sculpter la beauté à partir d'une plante à l'état brut, à la travailler pour donner une impression de vieillesse, de permanence et de naturel, comme si l'arbre n'était qu'une infime partie d'un paysage sans fin. De nombreux styles ont vu le jour au fil des siècles, dont les plus courants sont illustrés dans ces pages. Créer un bonsaï, c'est aussi apprendre à développer une approche artistique et l'intuition nécessaire pour révéler l'arbre caché dans la plante. Il faut savoir faire preuve de discernement, savoir s'il faut tailler ou non, mais aussi que tailler, quand et comment.

La culture du bonsaï implique des compétences multiples, l'apprentissage d'outils et de techniques que l'on va pratiquer et affiner au fil des ans, d'arbre en arbre, en tirant les leçons de ses erreurs tout en prenant plaisir à l'aventure. Elle exige aussi un certain sens de l'observation pour comprendre les comportements des végétaux et de la nature, que l'on pourra ensuite adapter à ces arbres qui, pour être petits, n'en sont pas moins parfaits.

Une relation vivante s'établit entre le créateur et ses bonsaïs à mesure que ce dernier assied ses connaissances et se met à l'écoute de ses plantes. L'art du bonsaï est le *nec plus ultra* du jardinage, le champ très étroit d'une discipline où tous les arbres et arbustes trouvent leur place.

C'est aussi le domaine du spirituel, où l'arbre est le symbole de la vie. Le bonsaï est l'Arbre de Vie, l'arbre qui relie le ciel à la terre. L'arbre incarne l'humanité tout entière, et le voyage spirituel que chacun de nous entreprend dans la vie.

Ce livre offre une approche occidentale du bonsaï, dans laquelle l'arbre est aussi important que l'espace qui l'entoure. Tous les arbres présentés ici ont été créés et cultivés au sein d'une culture occidentale. Les photos de cet ouvrage introduisent une grande variété d'espèces du monde entier, révélant le bonsaï qui sommeille dans presque toutes les plantes.

La culture du bonsaï n'a aucune limite. C'est l'occasion d'expérimenter de nouvelles idées, mais aussi une approche différente de l'art et du jardinage qui nous sont généralement familiers ; quelque chose que tout le monde peut faire et un apprentissage sans fin. Parce que les premiers pas sont essentiels, ce livre vous guidera sur le chemin de votre propre découverte qui, nous le souhaitons, sera pour vous une source de plaisir et d'intérêt sans cesse renouvelée.

un peu d'histoire

À l'origine, un grand nombre d'espèces semblent avoir été cultivées en pot pour offrir en abondance des fruits et des légumes frais aux soldats. En effet, pendant des centaines d'années, l'Extrême-Orient, constitué de petits royaumes, brassait cultures et civilisations dont les armées, sans cesse en action, ne cessaient de redessiner les frontières. C'est de ce besoin d'aliments frais qu'est né « l'arbre en pot ».

Un art très élaboré s'est développé à partir de ce besoin, pratiqué aujourd'hui dans toute l'Asie. La multiplicité des cultures a donné le jour à d'innombrables manières de tailler les arbres. Le bonsaï japonais est très différent du bonsaï chinois, dont le style est lui-même très différent des bonsaïs de Corée, de Thaïlande et d'autres pays. Depuis quelque temps, l'Occident a lui aussi ouvert la voie à de nouvelles possibilités.

Le bonsaï en tant que forme artistique est tout d'abord apparu en Chine, il y a plus de mille ans, où il prit le nom de *pun-sai*. Les premiers arbres en pot au feuillage épars et aux troncs noueux et tordus ressemblaient souvent à des animaux des mythes et légendes. Au fil des siècles, les Japonais ont « emprunté » certaines idées aux Chinois. Le bonsaï fut importé de Chine pendant la période Kamakura (1185-1333), en même temps que le bouddhisme zen. Puis il sortit peu à peu des temples et des monastères pour entrer chez les aristocrates, symbole d'honneur et de prestige.

Pour les Japonais, le bonsaï représente la fusion des croyances anciennes dans l'animisme du monde naturel (shinto) avec les philosophies orientales prônant l'harmonie entre l'homme, l'âme (l'esprit) et la nature (zen).

L'approche japonaise du bonsaï est agréable à l'œil, car elle a pour but la représentation naturelle d'un arbre adulte.

Un certain nombre de « lois » ont été élaborées pour régir des formes que l'on considère aujourd'hui comme des classiques. Ces lois mettent en valeur la beauté naturelle de l'arbre pendant sa croissance grâce à une taille précise et régulière.

Bien soigné, un bonsaï vivra des centaines d'années. Objets précieux, les plus âgés se transmettent de génération en génération. On les admire pour leur grand âge et on les révère en l'honneur de ceux qui en ont pris soin. Comme dans la plupart des religions et des philosophies d'Extrême-Orient, les ancêtres font l'objet d'une grande vénération car ils transmettent la vie. Le bonsaï est un reflet de cette école de pensée. Les sujets centenaires acquièrent une grande valeur financière, et leur achat est souvent un investissement au même titre que l'or et les biens immobiliers en Occident.

Le bonsaï japonais a été introduit en Occident il y a environ 150 ans, mais une grande partie des philosophies et modes de pensée incarnés par le bonsaï n'ont pas été compris dans leur essence. En revanche, cela a permis une certaine liberté d'interprétation, ouvrant la voie à de nouvelles idées et techniques.

la nature pour inspiration

C'est au cœur du monde naturel que les créateurs puisent les idées et l'inspiration qui donnent naissance aux bonsaïs, aussi bien japonais qu'occidentaux. L'art du bonsaï a évolué vers une compréhension beaucoup plus complète de la nature et de son raffinement. Il est facile de constater les effets qu'ont le climat et l'emplacement sur une plante ou un arbuste. Qu'il neige, qu'il pleuve, qu'il vente, que le temps soit ensoleillé, ou que plusieurs de ces conditions se conjuguent, toute plante en période de croissance s'adapte et évolue en fonction des éléments avec lesquels elle entre en contact. Le bonsaï s'adaptera et évoluera lui aussi pour répondre à ces changements naturels. C'est l'essence même d'un bon bonsaï.

Durant sa croissance et au fil des saisons, la forme et la structure d'un arbre ne cessent d'évoluer. Il arrive qu'on resculpte totalement un bonsaï cultivé dans un certain style depuis plusieurs années si l'impression d'ensemble évoquée par l'arbre se modifie avec les ans.

Une branche cassée ou arrachée par le vent, un arbre qui ploie sous le poids de la neige ou le bois mort qui pâlit au soleil ne sont que quelques exemples de l'impact de la nature que l'on va reproduire dans la création de son sujet. Cette observation de la nature est fondamentale dans l'art du bonsaï car il ne peut y avoir d'interprétation sans observation.

Le bonsaï peut être considéré comme le lien entre les hommes et la nature, un moyen de comprendre les forces des éléments naturels et l'essence d'une évolution permanente, tout comme sa nécessité. La nature, imprévisible, se transforme jour après jour, le bonsaï ne cesse de croître. L'œuvre d'art vivante n'est jamais achevée.

la beauté des bonsaïs

À l'origine, la véritable beauté des bonsaïs réside dans l'imagination : ce n'est pas sur l'arbre lui-même que l'on met l'accent, mais sur l'espace qui l'entoure. La plante fournit simplement le cadre. Un bonsaï évoque un paysage imaginaire. C'est l'art de ce qui n'est pas.

Il n'est pas indispensable qu'il soit très vieux. De nombreux bonsaïs sont d'ailleurs relativement jeunes. L'important se concentre dans la forme et le caractère de l'arbre qui donnent l'impression de la patine du temps. S'il n'est pas au centre de la représentation, le bonsaï doit cependant posséder certaines qualités. Il doit être proportionné à son récipient ; en effet, le pot ou le plateau font partie intégrante du bonsaï car il représente le sol, la terre du paysage. Le choix du contenant modifie le paysage virtuel : un pot profond incarnera le flanc de la montagne pour une forme en cascade, un pot trapu une

vallée escarpée accueillant un sujet en semi-cascade, etc. Comme la plante qu'il accueille, le récipient doit évoluer.

En Occident, on met généralement l'accent sur l'arbre lui-même et sur les techniques utilisées pour la formation du bonsaï. On insiste plus sur la réalité « perçue » que sur le tableau imaginaire. Mais cette dernière n'est que pure illusion et très limitée, n'offrant que peu de place à l'évolution de l'arbre. Or le recours à l'imagination dans la création et la compréhension du bonsaï est plus important qu'une connaissance approfondie des techniques. L'art du bonsaï occidental a pour point de mire l'arbre lui-même quand le potentiel de chaque plante vouée à la conduite en bonsaï demande un esprit imaginatif et visionnaire, capable de comprendre et d'entrevoir toutes les possibilités que recèle la plante. L'imagination laisse la porte ouverte à toutes les fantaisies.

En mutation permanente, le bonsaï, forme artistique vivante, n'est jamais achevé. L'entretenir et le nourrir, le tailler et le former, toutes ces étapes font partie du voyage. Créer un bonsaï, c'est aussi s'engager à en prendre soin.

le ciel, la terre et les hommes

Les arbres sont des végétaux respectés et honorés car ils possèdent un tronc unique aux branches très étalées qui semblent relier ciel et terre. Le seul autre élément sur terre qui ait cette capacité de se dresser et de relier le ciel et le sol, au-dessus et au-dessous de lui, est l'être humain. C'est cette idée sous-jacente dans le triangle du ciel, de la terre et des hommes qui est symbolisée dans le triangle du ciel, de la terre et de l'arbre. Le triangle symbolise également les trois vertus fondamentales nécessaires à la création d'un bonsaï – shin-zen-bi – autrement dit la vérité, la bonté et la beauté. De plus, le triangle est une forme stable, fermement établie à la surface de la terre, bien qu'elle s'efforce en permanence d'atteindre le ciel.

Le bonsaï est physiquement séparé de la nature, parce qu'il est en pot. Ses racines n'étant pas ancrées dans le sol, c'est une entité individuelle à part entière, tout en faisant partie de la nature : le ciel et la terre « dans un seul récipient ». Le point central du pot est le point de jonction entre le ciel et la terre. Rien d'autre ne doit occuper ce lieu, sauf dans le cas du bon-

Ciel

Terre

Hommes

saï droit classique qui assume la connexion spirituelle du ciel à la terre.

S'il a été bien formé, le bonsaï sera contenu dans un triangle asymétrique. Cette règle vous dira où il est nécessaire de laisser de l'espace. Les sujets plantés en groupe formeront un ou plusieurs triangles discrets, et c'est la dynamique de leurs relations qui déterminera l'équilibre et la beauté de la composition.

le bonsaï dans la maison

Au Japon, chaque maison possède un *tokonoma*, une alcôve ou une niche réservée à l'exposition des œuvres d'art, des bibelots et des objets de valeur. C'est ici que l'on exposera le bonsaï, au côté d'une jolie pierre, d'une petite statue de Bouddha, d'un rouleau abritant une estampe japonaise ou d'un écrit exprimant une pensée profonde. On y comptera toujours trois objets, qui créent le triangle sacré du ciel, de la terre et des hommes.

Parfois présentés sur un support en bois, les bonsaïs rustiques prospèrent en milieu extérieur et sont rarement laissés à l'intérieur plus de deux jours. Ils n'y séjournent que le temps de célébrer une occasion particulière ou d'admirer certains traits remarquables comme leurs fleurs ou leurs fruits. Si l'hiver est très rigoureux, on pourra les rentrer sous un abri froid ou dans un garage, mais on les sortira dès que possible.

La création de bonsaïs à partir d'espèces rustiques est une activité d'extérieur. L'espace étant souvent limité au Japon, le bonsaï offre à chaque foyer l'occasion de s'adonner à un loisir de plein air et c'est une plante idéale pour les petites cours des maisons de ville.

l'art du bonsaï

former un bonsaï : les principes

Que l'on regarde, apprécie ou forme un bonsaï, il est préférable de comprendre certains principes de base.

l'unité et l'harmonie

L'harmonie est atteinte lorsque chaque élément contribue à l'unité de la composition. Prenez du recul et regardez le bonsaï en clignant des yeux ; l'arbre devient flou, ce qui permet de se concentrer sur l'effet d'ensemble et de voir si l'un ou l'autre des éléments déséquilibre la composition.

l'échelle

En maintenant tous les éléments d'un bonsaï à la même échelle, on aura une vision à l'intérieur et au-delà du paysage évoqué. Le respect de l'échelle permet de créer un monde imaginaire offrant perspective et profondeur.

la proportion

Dans toutes les œuvres d'art, la proportion est déterminée par un rapport mathématique appelé le nombre d'or ou *phi*, qui donne une impression de « justesse ».

La valeur mathématique de *phi* est d'environ 1/1,1618, soit un rapport de deux sur trois que l'on nomme la règle des deux tiers. En appliquant systématiquement cette règle pendant la conduite du bonsaï, on obtiendra un sujet plaisant à l'œil. Les exemples suivants montrent comment la mettre en pratique.

- La branche la plus basse devra être la plus épaisse, celle qui possède les branchettes et le feuillage le plus dense émergeant du tronc à environ un tiers de la base. C'est cette branche qui détermine la taille, l'inclinaison et la forme de toutes les autres. La suivante sera située à un tiers du reste du tronc, moins ramifiée et moins feuillue pour ne pas masquer ce dernier.
- Le bonsaï sera planté à environ deux tiers du bord de son pot. S'il est exposé sur un présentoir, il sera placé à deux tiers du bord de ce dernier.
- Dans un groupe, le sujet principal sera placé à environ deux tiers du bord du plateau.

La règle des deux tiers est un excellent guide en matière de proportion mais son respect trop rigoureux, sans inspiration, peut produire un arbre techniquement parfait mais ennuyeux à contempler.

l'équilibre

Étroitement liée à la notion de proportion, la notion d'équilibre est importante dans les lois qui régissent la création du bonsaï. Le triangle est la forme la plus équilibrée. Parfaitement stable, c'est aussi la plus légère au sommet. On l'utilise donc souvent pour définir la forme d'un bonsaï. Évitez une disposition symétrique, contraire aux lois de la nature. Placez-le ou les arbres de sorte qu'ils s'intègrent dans un triangle asymétrique.

le point de mire
En Orient, l'accent est mis sur le paysage virtuel évoqué par le bonsaï, celui que l'on imagine dans les espaces autour de l'arbre, au-dessous et à travers lui. En Occident, le point de mire est souvent le tronc ou le sommet de l'arbre, ce qui a pour résultat une œuvre d'art vivante différente, plus facile à comprendre.

le rythme et le mouvement
Ils sont l'essence même de la nature. Le mouvement naîtra du bruissement des feuilles ou des aiguilles. Le rythme est un principe régulier et répété : la croissance de l'arbre définit un rythme dans l'espacement des branches, par exemple.

la ligne
La ligne du bonsaï naît de la fluidité de la forme. Une branche mal placée ou un tronc mal conduit peuvent gâcher la fluidité de l'ensemble, brisant une ligne verticale, horizontale ou diagonale marquée.

le ton et la couleur
Ces deux données influent sur le choix du pot. Choisissez une couleur soit en harmonie, soit en contraste avec le feuillage, les fleurs, les fruits, l'écorce et les branchettes. L'impact visuel du feuillage influencera le choix du pot (voir page 34).

la lumière et l'ombre
Ces deux éléments créent les contrastes et se meuvent dans les interstices qui se forment entre les branches et dans les espaces entre les branches et le pot.

la texture et le motif
Qu'il s'agisse de la texture et du motif de l'écorce, des feuilles ou du pot, tous confèrent de l'intérêt à la plante et lui apportent leur beauté.

la forme et la dimension
La perspective est créée à partir de la forme de la plante, évoquant un paysage imaginaire. Le bonsaï est affaire d'illusion ; on pourra par exemple donner une impression de distance dans une plantation en groupe en plaçant les pots les plus grands devant. On peut aussi créer un effet de perspective dans un paysage en intégrant un petit bâtiment, une personne ou même une lanterne miniature.

l'âge
L'impression d'âge et de maturité pourra venir d'un tronc large qui va en s'effilant vers le sommet ou d'un tronc noueux qui donne beaucoup de caractère. On atteindra ces effets au bout de plusieurs années, grâce à une taille soignée.

choisir un plant

Plusieurs facteurs font d'un arbre ou d'un arbuste une espèce adaptée à la formation en bonsaï.

la réaction à la taille

D'un point de vue horticole, la capacité de la plante à supporter une taille régulière est essentielle, dans la mesure notamment où les racines comme les branches seront soumises à une taille sévère au cours de la formation.

la flexibilité

Sachant qu'il faudra peut-être infléchir les branches, leur flexibilité est importante, notamment chez les conifères.

la croissance

La capacité de la plante à croître dans un espace confiné est essentielle, les bonsaïs étant cultivés en pots pendant la majeure partie de leur vie.

Une croissance favorable à la miniaturisation est fondamentale. Des arbres et arbustes à croissance rapide tels que *Salix* (le saule) ou *Buddleia* (l'arbre à papillons) sont très difficiles à former en bonsaï, car ils produisent une grande quantité de bois en une saison et supportent mal une taille sévère répétée. De même, les arbres et arbustes qui produisent des rejets ou de nouvelles pousses à la base s'avèrent parfois ardus pour la miniaturisation.

la taille des feuilles

Les feuilles de petite taille ont toujours meilleure allure sur un bonsaï. Proportionnées à une petite plante, elles auront l'air plus naturelles contrairement aux grandes feuilles comme celles d'*Aesculus hippocastanum* (marronnier d'Inde) qui n'ont jamais vraiment l'air à l'échelle de l'arbre.

la texture

La texture du tronc et des écorces contribue à vieillir le bonsaï et à lui donner du caractère.

formes et styles

La dimension et le style d'un bonsaï dépendront certes de votre imagination, mais aussi de la forme naturelle et du port de l'arbre ou de l'arbuste à partir duquel vous allez le conduire. Par nature, certaines espèces se prêtent presque exclusivement à tel ou tel style ou à telle ou telle dimension ; d'autres se plieront à toutes les possibilités. Le style droit informel est certainement la meilleure option pour un débutant.

Pour être conduite en bonsaï, une plante doit avoir un tronc qui va en rétrécissant vers le sommet, de nombreuses branches rayonnant du tronc et un feuillage dense et compact le plus près possible de ce dernier. Il est parfois nécessaire de chercher une plante possédant ce potentiel puis de la cultiver pendant plusieurs années avant de la conduire en bonsaï. Par exemple, si vous la laissez pousser deux ou trois ans dans le jardin, le tronc de l'arbre gagnera en épaisseur.

Il est possible de former certaines plantes dans des styles différents en recourant uniquement à la taille, à l'instar de *Cotoneaster* et de *Pyracantha*. D'autres, en particulier les conifères, doivent être absolument ligaturées (voir page 41-42).

Une fois la plante choisie, il faut prendre le temps de bien l'examiner pour entrevoir toutes les possibilités qu'elle recèle. Laissez l'arbre vous révéler le potentiel de sa forme naturelle.

Vous pourrez procéder à la taille lorsque votre choix se sera porté sur un style. Au préalable, vous devez être familier avec les outils et les techniques, connaître le mode de croissance de l'arbre. Armez-vous de courage, et sachez prendre des risques. Il faudra réexaminer et réévaluer le potentiel de la plante au fur et à mesure de la taille ; les branches coupées ne se recollent pas ! La conduite d'un bonsaï demande du temps. Une fois la taille de structure terminée, vous pourrez procéder au ligaturage pour orienter l'arbre vers la forme souhaitée et peaufiner votre travail par une taille plus fine et précise. Quelques heures suffiront à créer la structure et le style d'un bonsaï très passable, mais on pourra passer une vie entière à l'améliorer.

Tous les styles présentés ici reflètent les formes sculptées par la nature parmi lesquelles le style rigoureusement vertical de sujets isolés, l'arbre battu par les vents et la neige, façonné dans une forme étrange, les petits bosquets et les forêts, les arbres aux troncs multiples et les paysages miniatures qui introduisent l'eau, les pierres et les figurines autour du bonsaï. La seule limite imposée à la forme de votre bonsaï sera celle de votre imagination.

style Chokkan : droit classique

Le bonsaï droit classique est un arbre de haute taille dont le tronc qui s'effile sans à-coup vers le sommet porte des branches régulièrement espacées. Dans la nature, il s'agit d'un sujet isolé qui n'a souffert d'aucune carence ou condition climatique rigoureuse et n'a pas été étouffé par d'autres végétaux, rappelant par exemple un arbre au milieu d'une pelouse. Le bonsaï droit classique arbore un tronc central dressé et des branches très équilibrées de la base à l'apex.

style Moyogi : droit informel

Le style droit informel est le plus répandu dans la nature, les arbres étant régulièrement soumis aux rigueurs du climat, au manque de lumière et à la sécheresse. Cela confère du caractère à la plante. Vertical à la base, le tronc ne cesse de se courber d'un côté puis de l'autre en quête des nutriments dont il a besoin, jamais au point de voir l'apex descendre sous la base du pot, le tronc restant pointé vers le ciel. Le bonsaï droit informel présente un tronc courbe, assez ramifié, et compte d'innombrables variantes inhérentes à son style.

style Shakan : penché

Le style penché imite un arbre qui a été battu par des vents violents ou s'est incliné pour trouver la lumière. Son inclinaison donne une impression de vieillesse, équilibrant le mouvement du tronc avec la disposition des branches de sorte que l'arbre n'apparaît pas mal proportionné. Le tronc est droit et forme un angle marqué à droite ou à gauche. Les branches bien espacées suivent la ligne du tronc.

style Han-kengai : en semi-cascade

L'arbre en semi-cascade peut être une espèce des montagnes subissant des vents violents et le poids de la neige, ou encore un arbre penché au-dessus d'un lac ou d'une rivière. Dans ce style, la base du tronc forme un angle de plus de 45° avec la flèche qui se positionne parfois presque à l'horizontale, mais les branches ne descendent jamais sous la base du pot. Cet arbre a besoin d'un pot plus profond pour compenser son poids et évoquer le versant de la montagne ou la rive du fleuve.

Style Chokkan
Cyprès chauve, *page 108.*

Style Moyogi
Érable palmé, *page 118.*

Style Shakan
Cyprès Hinoki *'Nana Gracilis', page 66.*

Style Han-kengai
Pin de montagne *'Gnom', page 96.*

style Kengai : en cascade

L'arbre en cascade évoque un arbre s'accrochant au flanc de la montagne pour se protéger du vent et de la pluie. Impossible pour lui de pousser droit car le poids de ses branches l'entraîne vers le bas. La pesanteur et le poids de la neige en hiver étant plus forts que l'attraction vers le soleil, le tronc retombe au-dessous du niveau des racines. Le bonsaï en cascade est planté dans un pot très profond pour compenser son inclinaison. On le présente souvent sur une sellette afin d'évoquer le flanc de la montagne.

style Bunjingi : du « lettré »

Le *Bunjingi* est l'aristocrate des bonsaïs. Il se singularise par sa forme inhabituelle et doit son nom aux érudits chinois qui intégraient la calligraphie dans leurs tableaux. Il pousse naturellement dans les endroits où il lui faut tendre vers le ciel pour trouver de la lumière, ou près des côtes où il est battu par la mer et les vents salés. Le tronc est long et élancé, droit ou penché, dépourvu de branches et à peine feuillu au sommet.

style Hokidachi : en balai

Ce style doit son nom à la forme en éventail d'une brosse ou balai japonais. Partant d'un même point, la ramure se déploie en éventail autour d'un tronc droit classique. Parmi les espèces qui poussent naturellement en balai, *Zelkova*, *Fagus*, *Carpinus* et *Ulmus* sont les plus couramment conduites en bonsaï. D'autres espèces pourront s'adapter à ce style, mais il faudra plus de temps pour les former.

style Fukinagashi : arbre battu par les vents

L'arbre battu par les vents a subi la force du vent au point d'avoir perdu ses branches d'un côté et de pencher sérieusement dans le sens des rafales. Toutes ses branches sont orientées dans la même direction et il contient souvent une grande quantité de bois mort. De la même façon, un bonsaï battu par les vents est incliné et ses branches sont presque toutes portées d'un même côté du tronc. Ce style difficile à maintenir sans l'aide du vent et des éléments naturels demande beaucoup de vigilance.

Style Kengai
Mélèze du Japon, *page 84.*

Style Bunjingi
Pin noir, *page 98.*

Style Hokidachi
Érable palmé *'Kashima', page 122.*

Style Fukinagashi
Bouleau des marais, *page 136.*

style Sharimiki : arbre au tronc écorcé

L'arbre au tronc écorcé doit son nom au bois blanchi et patiné sous l'action des vagues et des éléments au bord de la mer. Il est possible d'écorcer l'arbre et de reproduire de larges bandes de bois mort sur l'arbre vivant, mais il est plus facile d'envelopper un jeune sujet autour d'un morceau de bois mort. Avec le temps, les deux ne formeront plus qu'un. Le style *Sharimiki* est un art très abstrait qui demande beaucoup de patience et une certaine technique.

style Nejikan : arbre au tronc partiellement tourmenté

Il s'agit d'un arbre de caractère qui a poussé dans des conditions inhabituelles et qui s'est développé dans une forme qui lui est propre. Ce peut être un arbre qui aura été étouffé par une espèce grimpante, ou poussé sous les racines de son voisin, ou qui aura perdu beaucoup de branches basses soit naturellement, soit parce qu'elles auront fait le bonheur d'animaux en pâture. Un bonsaï au tronc tourmenté se conduit par ligaturage à un stade précoce : le tronc est ainsi infléchi et penché pour conférer à la plante son style et son caractère.

style Neagari : arbre aux racines exposées

Les racines exposées de cet arbre évoquent le flux et le reflux de l'eau d'une rivière ou de la mer sur la rive qui aurait dégagé la terre autour des racines. Certains arbres tropicaux présentent des racines exposées mais elles sont aériennes et émergent des branches pour aller chercher l'humidité présente dans l'air. Les racines d'un bonsaï *Neagari* sont dégagées en surélevant la plante au moment du rempotage de sorte que l'eau d'arrosage entraîne la terre entre ces dernières au fur et à mesure.

style Sekijoju : les racines enserrent la roche

Les arbres aux racines qui enserrent la roche et plongent dans la terre sont généralement situés en altitude ou dans les forêts rocailleuses où ils s'agrippent fermement à la roche pour subvenir à leurs besoins vitaux. Pour recréer ce comportement sur un bonsaï, on plante l'arbre sur une roche. L'arbre et la roche sont à leur tour plantés dans du sable que l'on retire au fur et à mesure, au bout d'un an ou plus, pour dégager les racines qui enserrent fermement la pierre. On peut alors transférer le *Sekijoju* dans un pot à bonsaï.

Style Sharimiki
Genévrier de Chine *'Blaauw', page 76.*

Style Nejikan
Marronnier commun*, page 130.*

Style Neagari
Glycine de Chine, *page 230.*

Style Sekijoju
Frêne commun, *page 154.*

style Ishitsuki : arbre planté sur la roche

Ce style représente un arbre qui pousse sur un îlot rocheux au milieu d'un lac, dans une cavité rocheuse, en flanc de montagne, et en tout lieu où la seule préoccupation de la plante est d'assurer sa survie. Souvent intégré dans un *bon-kei* ou un *sai-kei* (voir ci-dessous et ci-contre), le bonsaï sur roche illustre de façon spectaculaire la persévérance de la nature. Planté sur la roche dans une poche de terre, ce sont ses ressources extrêmement limitées qui forgent son caractère.

style Sokan : arbre à double tronc

Assez répandu, l'arbre à double tronc arbore deux troncs issus d'une même souche émergeant du sol ou juste au-dessus. L'un des deux troncs est généralement plus grand que l'autre, tels père et fils. Si l'on traite cette cellule familiale comme une seule plante, les deux troncs étant conduits ensemble pour un résultat harmonieux, la forme du tronc dominant n'en est pas moins déterminante dans l'équilibre du bonsaï. Ce style étant souvent masqué par la ramure, on le mettra en évidence par une taille soignée.

style Sankan : arbre à triple tronc

L'arbre à triple tronc présente trois troncs issus d'une même souche émergeant du sol ou juste au-dessus. Les trois troncs sont de taille différente, telles une mère et ses deux filles ; une cellule familiale que l'on conduira comme un seul arbre. Il faudra éclaircir les branches intérieures et le feuillage pour l'empêcher d'étouffer et laisser passer l'air et la lumière. Comme le *Sokan*, ce style caché par la ramure sera mis en valeur par une taille régulière.

style Kabudachi : troncs groupés sur une souche

Les troncs de plusieurs arbres fusionnent à la surface du sol, reproduisant certains phénomènes naturels à l'image d'un arbre qui dépérit au niveau du sol à cause du gel par exemple, de sorte que de nouvelles pousses émergent d'une seule racine à la recherche de la lumière. Le bonsaï *Kabudachi* présentera un tronc dominant aux côtés de troncs plus minces, créant une forme asymétrique. On le conduira en rabattant le tronc au niveau du sol pour stimuler l'émergence de nouvelles pousses qui formeront les futurs troncs.

Style Ishitsuki
Épine blanche, *page 150.*

Style Sokan
Chèvrefeuille arbustif, *page 196.*

Style Sankan
Noisetier commun, *page 148.*

Style Kabudachi
Troène de Californie, page 192.

style Ikadabuki : arbre en radeau

Dans la nature, cet arbre s'affale sous l'effet des vents violents, se couche sur le côté et forme des racines tandis que les branches s'ancrent au sol et se redressent, formant les troncs de nouveaux arbres. Créant une illusion de bosquet, tous les troncs partent de la même souche, qu'elle soit couchée droit comme un radeau ou qu'elle forme un dessin sinueux (style Netsunagari, à racine rampante et sinueuse). De la même façon, on couche le bonsaï sur un côté pour le conduire dans ce style.

style Yose-ue : forêt

Plusieurs arbres de la même espèce donnent l'impression d'un taillis. Ils sont espacés à intervalles irréguliers et présentent des troncs d'épaisseur variée, l'arbre dominant étant toujours placé de manière asymétrique dans le groupe. Le plus grand se dresse sur la partie la plus élevée, les autres ne doivent en aucun cas être alignés. Travaillez toujours plus d'arbres qu'il n'en faut pour constituer le groupe afin d'atteindre un résultat plus réaliste.

style Sai-kei : paysage miniature

Le paysage miniature raconte une histoire. La composition comprend parfois différentes espèces, souvent accompagnées de roches, le travail sur la perspective étant essentiel pour donner l'impression d'un paysage naturel cultivé dans une coupe ou sur un plateau.

style Bon-kei : paysage

Il représente le monde sur un plateau ou dans une coupe. On peut intégrer des rochers avec des grottes, des bonsaïs avec d'autres plantes, un lac imaginaire fait de petits graviers ou d'eau, des figurines et maisons en miniature. Ces éléments du paysage seront à la même échelle pour un résultat parfait.

Style Ikadabuki
Chèvrefeuille arbustif, *page 198.*

Style Yose-ue
Cotoneaster simonsii, *page 220.*

Style Sai-kei

Style Bon-kei

l'équipement indispensable

Les passionnés de bonsaïs ont à leur disposition une gamme d'outils aussi variés qu'étonnants. Mais il est possible d'obtenir de superbes bonsaïs en utilisant uniquement des ustensiles ménagers. Ceci étant, les outils spécialisés, qui ont été améliorés au fil des siècles, facilitent l'application d'un grand nombre de techniques. Nous avons retenu les plus courants et les plus utiles.

la pince à feuilles

On l'utilise pour la taille d'entretien des feuilles et pour les opérations délicates de défoliation partielle ou complète. Petite et légère, elle est conçue pour sectionner les pétioles sans endommager les feuilles voisines. Avec de petites lames et un manche à ressort, elle est inestimable pour la « toilette » du bonsaï. La pince à feuilles est un outil universel pour gauchers et droitiers.

les ciseaux à branchettes

On les utilise pour une taille complexe dans une ramure touffue où il est essentiel de ne pas endommager l'arbre et pour la taille des branchettes et des pétioles. Ils sont munis d'un long manche pour pénétrer facilement à l'intérieur de la ramure, et leur extrémité pointue permet une grande précision.

les ciseaux ronds

On les utilise pour la taille des branches de plus de 10 mm de section. Le plus souvent en acier, cet outil que l'on utilise chaque jour de l'année est sans conteste parmi les plus utiles. Ses poignées arrondies sans ressort en font un outil adapté aux droitiers et aux gauchers.

la pince à nœuds concave

Idéale pour couper les branches grâce à sa forme concave, elle garde au bois sa rugosité naturelle. Déclinée dans plusieurs tailles, la plus grande sera assez puissante pour les branches dont la coupe nécessiterait une scie. Cette pince permet une coupe au ras du tronc ou de la tige principale, sans laisser de vilains éclats.

la pince coupe-fil

Indispensable pour couper le fil à ligature qui conduit les branches, elle est conçue pour le couper uniquement avec la pointe de la lame afin de ne pas en-

En haut de gauche à droite : *pince à feuilles, pince coupe-fil et griffe à racines ;* **en bas de gauche à droite :** *ciseaux à branchettes, ciseaux ronds et cylindre doseur.*

dommager l'écorce. Si vous tentez de dérouler ou de dénouer le fil à la main ou avec une pince coupante traditionnelle, vous risquez de blesser la branche principale et les rameaux latéraux. La pince coupe-fil se décline dans plusieurs tailles correspondant aux différentes sections du fil à ligature.

les ciseaux à racines

Généralement utilisés pour couper les racines et les souches denses, ils ont la même forme que les ciseaux ronds mais sont plus puissants et plus grossiers dans la mesure où les racines s'avèrent parfois très coriaces. Ils sont souvent en acier inoxydable et donc faciles à nettoyer.

la griffe à racines

Généralement en acier inoxydable, elle est souvent munie d'une spatule à l'autre extrémité. Cette griffe permet de démêler les racines avant de les tailler, la spatule sert à ameublir et à décoller la terre au bord du pot au moment du rempotage. La griffe à racines désherbe et nettoie le substrat en douceur.

le cylindre doseur

Ces cylindres, faciles à manipuler, servent à ajouter de la terre dans les endroits difficiles à atteindre à la fin du rempotage. Proposés dans différentes tailles, ils sont le plus souvent en acier inoxydable.

les baguettes

Voilà l'outil idéal pour tasser doucement le nouveau mélange terreux entre les racines d'un bonsaï que l'on vient de rempoter. Assez petite pour pousser la terre dans les petits coins, une baguette est aussi assez grande pour laisser un volume d'air suffisant quand on tasse le substrat.

le balai de coco

On l'emploie pour nettoyer le sol après le rempotage, en balayant le trop-plein de terre afin d'obtenir un résultat net sans perturber les racines. On peut aussi l'utiliser pour supprimer les mauvaises herbes et pour nettoyer les pots.

le fil à ligature

Le fil à ligature sert à guider les branches flexibles, en règle générale pendant la première année de croissance en ce qui concerne les espèces à bois dur et les conifères, à l'exception du très vieux bois (celui des conifères fléchit facilement chez l'arbre adulte). Le ligaturage est une méthode simple, bon marché et très efficace qui a fini par supplanter beaucoup d'autres méthodes de formation des bonsaïs. Les fils de cuivre et d'aluminium sont les plus courants. Le fil d'aluminium est plus facile à utiliser car il ne durcit pas avec le temps, celui gainé de cuivre est idéal car il conjugue souplesse et esthétique, le fini cuivré se mariant mieux avec la couleur de l'écorce.

La section du fil à ligature dépend de la dimension de la branche et de l'espèce à conduire en bonsaï. Pour les branches les plus petites et fines, on optera pour un fil de petite section. Inversement, on choisira une section plus importante pour un meilleur maintien des branches plus âgées. La section du fil est généralement trois fois plus petite que celle du bois que l'on souhaite fléchir.

autre matériel utile

- Une vieille brosse à dents sera précieuse pour gratter la mousse sur les troncs et les branches de vos bonsaïs. Les poils sont assez rigides pour être efficaces sans attaquer l'écorce.

- Le mastic cicatrisant s'applique sur les plaies après la taille des branches et limite les risques de maladies dues à l'infiltration de bactéries au niveau de la blessure.
- Les pinces à écorcer servent à tordre le fil à ligature pour l'enrouler autour de la branche. On les utilise aussi pour écorcer le bois lors de la réalisation d'un *jin* ou d'un *shari* (p. 43-44).
- La pince à bec rond permet de tailler proprement les boursouflures et les éclats dus à une erreur de taille. Elle opère une coupe circulaire nette qui cicatrise à ras du tronc. Elle sert aussi à creuser du bois mort, pour les *jin,* ou pour rabattre des moignons trop gros.
- Une petite scie d'élagage sera utile dans

le rabattage des branches trop grosses pour une pince concave. Si la coupe est trop grossière et qu'il reste des éclats, on pourra peaufiner avec une pince à bec rond.

- Une panoplie de serre-joints ou de plieurs de tronc, de leviers et de crics sera également utile pour plier les grosses branches et les troncs des conifères dont le bois résineux reste assez souple à maturité.

les pots

Les pots, d'une grande diversité de formes, tailles et couleurs remplissent plusieurs fonctions. La plus importante étant d'accueillir l'arbre en lui procurant toute la stabilité nécessaire, tout en s'intégrant à l'œuvre d'art. On choisira la forme, la taille et la couleur de la poterie en fonction du bonsaï – de son style, de la couleur de son feuillage au printemps ou en automne et de celle de ses fleurs – le cas échéant, de sa silhouette en hiver, tout en tenant compte de l'équilibre d'ensemble de la composition.

La bonne taille

Destiné à accueillir le bonsaï pendant plusieurs années, le pot doit être assez grand pour contenir les racines et leur permettre de se développer pendant au moins deux ans. Il doit être percé de trous de drainage et résister au gel. Ils sont en général assez bas, mais certaines espèces demandent une poterie profonde pour compenser le poids de la plante, ou parce que l'arbre fructifie abondamment en automne et aura besoin de plus de terre pour absorber l'eau nécessaire aux fruits. Les poteries se déclinent dans de nombreux modèles qui vont des plateaux très bas et plats, parfaits pour les forêts, aux pots étroits et profonds adaptés aux bonsaïs conduits en cascade. Les pots à bonsaïs sont souvent de forme ovale, notamment ceux que l'on utilise pour les espèces aux lignes arrondies.

Le pot devra être d'environ deux tiers de l'envergure de la ramure et la section du tronc d'environ deux tiers de la profondeur du pot. Excentrée, la plante sera généralement plantée d'un côté ou de l'autre à environ un tiers de la largeur du pot. Ainsi le rapport entre l'arbre et le pot semblera moins convenu, plus naturel, ce qui contribuera à l'impression d'un paysage naturel en miniature.

Le choix esthétique du pot est essentiel pour l'effet d'ensemble. Le résultat devra être équilibré et harmonieux sans que le pot ne devienne l'élément dominant et nuise à la beauté du tableau. La couleur de l'écorce, celle des fleurs et des feuilles, la forme et le style du bonsaï ont tous un rôle à jouer dans votre choix. Les pots de couleur sombre conviennent souvent aux espèces imposantes à la silhouette bien définie, comme les pins et les genévriers. Les couleurs plus claires seront plus adaptées aux arbres affichant des feuilles rouges, rosées ou dorées comme la plupart des *Acer*.

L'arbre doit être bien assis dans son pot, ce qui influe aussi sur le choix de ce dernier. Un bonsaï d'assez large envergure ou une forêt auront besoin d'un pot large et peu profond qui s'équilibrera avec leurs dimensions et contribuera à la création d'un paysage miniature, alors qu'un bonsaï en cascade exigera un pot profond pour compenser son poids et son impact visuel et rendre le sentiment de puissance et de robustesse d'un flanc de montagne.

la taille d'entretien

Les techniques de formation et de taille d'entretien sont les mêmes pour tous les feuillus ; seule la période de taille diffère en fonction de l'espèce. La structure et le rythme de croissance des conifères étant totalement différents de ceux des feuillus, certaines techniques de formation et de taille d'entretien seront également différentes. Il est donc essentiel de savoir distinguer une espèce feuillue d'un conifère afin d'appliquer les techniques appropriées.

Le plus important en matière de taille, c'est de savoir ce que l'on veut. Lorsque l'on a répondu à la question « pourquoi je taille ? », alors on peut réfléchir à la méthode la mieux adaptée. La taille d'entretien consiste à maintenir le style du bonsaï pour lui conserver son caractère naturel au fil du temps. La taille de structure ou de formation (voir page 41-45) consiste à tailler en vue de créer un style particulier. Il faut alors être capable d'anticiper et de visualiser le résultat final.

La taille d'entretien n'est pas la même chez les conifères et les feuillus. Leur rythme de croissance étant très différent, le résultat final varie considérablement. Dans les deux cas cependant, la taille de structure est assez proche, puisqu'il s'agit de créer une structure ou charpente à partir de laquelle l'arbre va se développer. La taille de structure va souvent de pair avec le ligaturage, surtout chez les conifères. Ceci étant, il est souvent difficile de séparer la taille de structure de la taille d'entretien, car la croissance du bonsaï est un processus continu qui se déroule sur une vie entière.

les feuillus

La taille d'entretien des espèces feuillues est destinée à maintenir une forme établie et à éviter que la ramure soit encombrée et trop dense. On taille généralement à la fin de l'hiver, en même temps que la taille de formation, période à laquelle la structure des branches et des branchet-

tes est la plus visible. On peut ensuite poursuivre la taille d'entretien jusqu'à la fin de la saison. Avant de commencer, vérifiez toujours les caractéristiques de l'espèce concernée, certaines comme *Acer* et *Betula* ayant tendance à saigner si on les coupe à la mauvaise période.

la taille des feuilles

Elle consiste à supprimer les feuilles qui nuisent à la silhouette de l'arbre. Travaillez avec une pince à feuilles et faites attention de ne pas couper les branchettes utiles au développement de l'arbre. Quant aux pétioles restés sur l'arbre, faites en sorte qu'ils soient masqués par le reste du feuillage.

Sur certaines espèces comme *Aesculus hippocastanum* (marronnier d'Inde), on pourra supprimer toutes les feuilles en milieu d'été afin que l'arbre en produise de nouvelles. Cette pratique contribue à améliorer la silhouette du bonsaï, les nouvelles feuilles étant plus petites. Leur couleur est aussi plus vive en automne.

Sur les espèces feuillues persistantes rempotées en feuilles, il est parfois opportun de couper un grand nombre de feuilles en deux, ou de supprimer la moitié du feuillage juste après le rempotage et la taille des racines. On limitera ainsi le stress subi par la motte racinaire fraîchement élaguée, en réduisant la surface feuillue qui libère de l'eau dans l'atmosphère.

la taille des branchettes

Il s'agit cette fois de supprimer les petites branches extérieures qui nuisent à la silhouette du bonsaï mais aussi les branchettes intérieures qui le congestionnent. Travaillez avec des ciseaux à branchettes ou avec des ciseaux ronds selon la taille des branchettes et la difficulté d'accès à ces dernières.

Taille des branches avec une pince à nœuds (page de gauche) et taille des branchettes avec des ciseaux à branchettes (ci-contre).

la taille des branches

Elle consiste à élaguer les branches dans la ramure pour l'aérer tout en préservant le style du bonsaï. Travaillez avec une pince à nœuds concave ou des ciseaux ronds selon la taille des branches et leur difficulté d'accès. Badigeonnez les plaies les plus grandes d'un mastic cicatrisant.

les conifères

La taille a pour objet de conserver une forme établie des conifères et de guider imperceptiblement toutes les nouvelles pousses de sorte que la forme du bonsaï soit préservée au fil de la période de croissance. Les conifères apprécient rarement une taille sévère. Il est préférable de les conduire en recourant à une taille d'entretien ou de tailler au coup par coup. On pourra aussi procéder à la taille des branchettes, au pincement et au ligaturage pendant la saison de croissance pour les conduire et stimuler leur développement.

Il faudra éviter toute congestion et élaguer dès que possible afin d'exploiter pleinement la croissance de l'arbre dans la conduite du style, mais aussi pour maintenir une silhouette nettement soulignée. En éclaircissant les parties surchargées, on laissera également entrer l'air et la lumière indispensables pour une plante saine. On procède à la taille d'entretien des conifères au printemps et en été, quand les plantes sont en pleine croissance, mais on pourra prolonger l'opération au début de l'hiver sur certains pins et épicéas.

La taille des branchettes

La suppression des branchettes et des rameaux qui nuisent à la silhouette et au style de l'arbre et qui congestionnent la ramure est un processus continuel. Travaillez avec des ciseaux à branchettes ou des ciseaux ronds selon l'épaisseur de la branchette à rabattre.

la taille des branches

Elle consiste à supprimer des branches à l'intérieur de la ramure pour aérer cette dernière tout en préservant le style du bonsaï. Travaillez avec une pince à nœuds concave ou des ciseaux ronds selon la section de la branche et la difficulté d'accès à cette dernière. Appliquez un mastic cicatrisant sur les plaies pour prévenir tout risque d'infection.

le pincement

Cette technique a pour but de limiter la quantité de nouvelles pousses à l'extrémité d'une branche ou d'une branchette. Effectuée correctement, cette technique évite le jaunissement des feuilles.

La meilleure façon de procéder consiste à maintenir fermement l'extrémité de la branche à supprimer entre le pouce et l'index puis à tirer sans forcer en la tordant d'un coup sec. Veillez bien à ne supprimer que l'extrémité de croissance, car les feuilles endommagées finiraient par jaunir et se flétrir.

Sur les conifères, les extrémités des branches étant gorgées de sève, leur suppression peut entraîner une perte d'eau conséquente que l'on peut prévenir en vaporisant légèrement le bonsaï avant et après le pincement et en veillant à ce qu'il ne se dessèche pas pendant les jours qui suivent.

la suppression des chandelles

Les chandelles, qui sont les futurs cônes et nouvelles pousses des pins, émergent en groupe à l'extrémité des branches. La suppression de la chandelle centrale stimule l'apparition de nouveaux bourgeons, ce qui contribue à un port plus buissonnant et plus esthétique. On procède avec les doigts quand le bois des chandelles n'a pas encore durci, avec des ciseaux à branchettes ou des ciseaux de ménage à pointes fines pour les chandelles les plus coriaces afin de ne pas abîmer les tissus de la tige, ce qui donnerait une branche à l'extrémité irrégulière. Après la suppression des chandelles, on préviendra la perte d'eau excessive en procédant comme après le pincement.

Pincement (en haut) et suppression des chandelles (ci-contre).

les techniques de formation

Toutes les techniques de taille d'entretien utilisées pour conserver le style d'un bonsaï peuvent servir dans la création d'un nouveau style : la taille des feuilles et le pincement pour rehausser la ramure et stimuler l'émergence de nouvelles pousses en abondance, la taille des branchettes pour alléger et affiner la silhouette de l'arbre et la taille des branches pour aérer la ramure. D'autres techniques sont exclusivement réservées à la formation, comme les différentes techniques de ligaturage ou la taille visant à modifier la croissance de l'arbre dans tel ou tel dessein.

la taille de structure

Avant de se lancer dans la taille de structure, en partant de zéro ou pour changer de style, il faut prendre le temps d'observer le bonsaï sous toutes les coutures, en l'inclinant dans tous les sens pour en saisir le potentiel caché. C'est l'étape la plus importante de la formation : imaginez-le une fois telle ou telle branche supprimée, partiellement rabattue ou courbée dans une autre position, examinez l'inclinaison du tronc, etc. Il est essentiel de comprendre comment pousse un arbre, ce qui se passe si l'on supprime des branches, si elles sont taillées à telle ou telle hauteur, pour prévoir comment il va grandir au fil des ans.

le ligaturage

On utilise le ligaturage pour donner une forme spécifique au bonsaï. Une bonne mise en forme est impossible si le ligaturage est bâclé et manque de rigueur. Maîtriser ces techniques demande du temps et de la pratique, mais vos efforts seront récompensés. Entraînez-vous à torsader et à plier le bois sur des branches provenant d'arbres ou d'arbustes produisant en abondance de nouvelles pousses, où vos erreurs ne porteront pas à conséquence.

Prenez le temps de déterminer quelles branches il faut ligaturer. Choisissez ensuite le fil à ligature de section appropriée (en général un tiers de la section du bois

Ligaturage d'une branche sur un conifère pour corriger sa position.

à fléchir), puis coupez un morceau de fil au moins trois fois plus long que la branche à ligaturer pour le torsader facilement autour de la branche. Ancrez bien le fil soit dans la terre si vous ligaturez le tronc ou des branches basses, soit autour du tronc pour les branches supérieures. Cet endroit supporte l'essentiel de la tension, il faut donc attacher le fil afin qu'il n'endommage pas le bois et ne se desserre pas. Le fil à ligature est ensuite enroulé autour de la branche ou du tronc à 45°. Quand la branche est ligaturée sur toute sa longueur, on desserre le fil petit à petit pour la conduire dans la position requise. L'extrémité du fil doit être repliée sur elle-même et torsadée une fois pour ne pas choquer le regard. Si l'on doit ligaturer deux branches situées l'une en face de l'autre, on peut travailler avec le même fil en commençant par enrouler la portion du milieu autour du tronc et en procédant ensuite à la ligature de part et d'autre.

Pour prolonger une ligature afin de fléchir le tronc d'un grand conifère, on peut utiliser deux fils qui doivent toujours être parallèles et en aucun cas se croiser. Les fils à ligaturer qui s'entrecroisent ne sont pas agréables à l'œil, et risquent d'entailler l'écorce, ce qui empêche la sève de monter et conduit au dépérissement de la plante.

- **Le ligaturage des conifères** est une technique fréquemment employée pour positionner les branches au lieu de tailler et d'attendre que la nouvelle pousse ait pris sa place, ce qui demanderait des années. La plupart des conifères ayant un bois flexible, gorgé de sève, ils se courbent facilement.

  On garde le fil autour de la branche au minimum pendant toute une saison de croissance pour laisser au bois le temps de prendre la position requise.

- **Le ligaturage des feuillus** ne peut être pratiqué que sur le nouveau bois encore malléable. Au bout d'un an, il est généralement trop rigide pour être ligaturé avec succès, ayant déjà pris sa forme définitive. Pour conduire un feuillu de plus d'un an, il faudra recourir à une taille sélective.

  Les nouvelles pousses des espèces feuillues étant généralement fines et fragiles, il suffit de tordre la branchette ligaturée dans la forme requise.

  Étant donné la croissance rapide des jeunes pousses, on ne laissera pas la ligature en place pendant plus d'une saison (deux ou trois mois sont parfois suffisants). Tenu en place plus longtemps, le fil finirait par entailler l'écorce et entraverait la croissance de la branchette.

- **Fixation de la ligature au pot** On exploite la rigidité du pot pour la mise en forme. La branche ou le tronc à courber est fermement fixé en plusieurs endroits avec du fil ou une ficelle que l'on passe sous le pot pour ensuite l'attacher à la branche. Puis on le tend au fur et à mesure que la branche s'oriente dans la position requise. Ce type de ligature implique de vérifier le fil ou la ficelle toutes les semaines et de le desserrer si l'arbre pousse vite. C'est un procédé lent, efficace et tout en douceur.

- **Fixation de la ligature à un tuteur** Ce procédé permet de redresser l'inclinaison ou la courbe d'une branche ou d'un tronc. On redresse en attachant la branche ou le tronc au tuteur avec de la ficelle, en différents points. Il faudra vérifier la tension de la ficelle et la détendre ou la resserrer au fur et à mesure que le bois s'adapte à sa nouvelle forme. Ce procédé prend parfois plusieurs mois, mais il est pratique pour conduire un bonsaï dans un style droit classique ou dans un style penché.

les poids

On peut avoir recours à des poids pour modifier la forme d'une branche. Dans ce cas, on attache généralement une brique ou une grosse pierre à une branche, dans la position adéquate pour que celle-ci ploie sous le poids et s'incline petit à petit vers sa nouvelle position. Il est préférable de matelasser de tissu la ficelle qui sert à attacher le poids, là où elle s'enroule autour de la branche pour éviter que le frottement ne blesse l'écorce.

la taille des branches

Cette technique est fondamentale dans la mise en forme du bonsaï. Pour que celui-ci ait l'air naturel et à l'échelle, il est essentiel de laisser de grands espaces entre les branches. On procédera en supprimant certaines branches partant du tronc principal et en rabattant partiellement les autres branches. Idéalement, la première branche doit être située à un tiers de la base du tronc principal, la suivante à un tiers de la hauteur restante, et ainsi de suite jusqu'à la tête du bonsaï. Ce prin-

Ligaturage du jeune bois flexible d'un feuillu.

cipe qui consiste à diminuer petit à petit l'intervalle entre les branches reproduit la façon dont les arbres poussent dans la nature. Il vous aidera aussi à savoir où supprimer des branches pour créer une structure agréable, tout en révélant au regard l'écorce et le caractère du tronc.

le pincement des feuillus

On emploie cette technique pour stimuler l'émergence de pousses latérales. La suppression de l'extrémité de croissance stimule l'émergence de nouvelles pousses à partir des bourgeons inférieurs, ce qui produit des branches plus fines à la base de la branche. En pinçant à la fin du printemps ou au début de l'été, les nouvelles pousses auront le temps d'arriver à maturité avant l'hiver. On pourra couper les branchettes inutiles au début de l'automne, ou au moment de la taille de structure en hiver. Ce procédé permet d'obtenir de nouvelles branches à des endroits précis.

le rabattage des pousses d'été

On procède au rabattage des pousses trop longues plus tard que le pincement. Au cours de l'été, les branches ont le temps de produire de longues pousses gorgées de sève qu'il faudra rabattre sévèrement dans la même saison ou en hiver. Ainsi les branches que l'on aura laissées pousser à leur gré en été gagneront en épaisseur et en robustesse. Une fois rabattues, elles donneront un sentiment de maturité au bonsaï.

la méthode Lingman

Voici une technique chinoise de vieillissement rapide. Appliquée aux feuillus, elle prend un peu plus de temps qu'une simple taille de structure.

Commencez par choisir une plante buissonnante. Rabattez sévèrement les racines et les branches et plantez l'arbre dans un pot « de formation » plus profond. Badigeonnez toutes les plaies de mastic cicatrisant. Après ce traitement drastique, l'arbre aura l'air d'une petite branche piquée dans un pot. Au bout d'un an, il aura produit de nouvelles pousses aux points de rabattage des branches. On pourra alors le rempoter dans un pot décoratif et le tailler selon le style choisi. Grâce à cette méthode, l'arbre produira un tronc robuste dès le départ, ce qui autrement lui aurait pris des années.

les *jin*, les *shari* et le bois écorcé

Dans la nature, les arbres présentent souvent du bois mort là où les branches ont été arrachées par le vent ou se sont brisées sous le poids de la neige. Il est possible de reproduire ce phénomène sur les bonsaïs. Un *jin* s'apparente au chicot d'une branche brisée ; dans le cas du *shari*, la branche semble complètement arrachée, ayant entraîné avec elle une partie de l'écorce du tronc ; quant au bois écorcé, il s'agit de longues bandes de bois dénudé sur le tronc.

L'imitation de bois mort, comme dans le cas d'une branche morte ou brisée, confère caractère et beauté au bonsaï, comme s'il avait subi l'érosion due au temps et aux éléments. Sur les conifères, les *jin* et les *shari* sont le plus souvent de couleur pâle, comme blanchis par le soleil et le vent. Ceux des feuillus sont bruns, comme si le bois avait vieilli sans avoir subi la force des éléments.

Les *jin* et les *shari* sont en principe suffisamment petits pour ne pas constituer un risque pour la plante. Mais attention, si l'on creuse le bois trop profondément, ce qui est contraire aux lois de la nature, l'arbre finit par mourir (ce qui est aussi le cas en milieu naturel).

Les techniques de vieillissement artificiel que sont les *jin* et les *shari* se pratiquent depuis de nombreuses années et sont désormais très simples à appliquer.

la technique du *jin*

Choisissez une branche qui enrichira votre composition si vous la réduisez à une petite portion de bois mort. Supprimez

Réalisation d'un jin *: supprimez toutes les branchettes et le feuillage sur la branche, puis entaillez l'écorce avant de l'enlever délicatement.*

toutes les branchettes et le feuillage de la zone du *jin*.

Repérez ensuite un endroit où vous pourrez arrêter le *jin* et entailler l'écorce tout autour de la branche à ce niveau. Attention, vous devez traverser toute l'écorce sans endommager le bois en dessous, ainsi elle n'ira pas plus loin quand vous l'arracherez. Ensuite, avec une pince à écorcer, pincez délicatement l'écorce au-dessus de l'entaille et écrasez-la pour la décoller du bois. Avec la pince ou un couteau bien affûté, décollez l'écorce au-dessus du point d'arrêt du *jin* jusqu'à l'obtention de la longueur souhaitée. Vous obtiendrez ainsi une large bande blanche de bois écorcé. Entaillez ensuite la branche de moitié juste au-dessus du bois écorcé et, en la tournant, tirez et arrachez la partie supérieure. Vous obtiendrez une cassure irrégulière d'aspect assez naturel que vous pourrez un peu arranger avec un couteau pointu. Votre *jin* est terminé. Attention : le bois blanc sera humide de sève, il faudra attendre plusieurs jours pour qu'il soit parfaitement sec.

la technique du *shari*

Le *shari* relève de la même technique, à la différence que la première entaille est effectuée sur le tronc ou sur la branche principale à l'emplacement du *shari* pour éviter d'arracher l'écorce sur toute sa longueur. Quant au bois écorcé, il s'agit d'un *shari* à l'échelle supérieure qui a donné son nom au style Sharimiki (voir page 24). Lorsque l'on crée un *shari* à grande échelle, il faut veiller à ne pas endommager le bois sous l'écorce et ne jamais supprimer entièrement l'écorce autour du tronc, ce qui empêcherait la circulation de la sève dans l'arbre, qui en mourrait. On pourra créer une grande zone de bois écorcé de façon moins brutale en enveloppant un jeune sujet autour d'un morceau de vieux bois de forme adaptée, et en les laissant s'amalgamer au fil de la croissance, selon le principe du greffage. Avec cette méthode, la vie de l'arbre n'est pas en danger, mais il faut plusieurs années pour atteindre le résultat souhaité.

soins et culture

comment obtenir un bonsaï

L'achat d'un bonsaï déjà formé est sans doute la meilleure option pour commencer. Les plantes ont poussé pendant au moins trois ans, on leur a déjà donné une forme et un style, ce qui facilite considérablement le travail. Mais il est possible aussi de commencer à zéro à partir de semis ou de boutures, de plantes achetées non formées en pépinières ou récoltées dans la nature.

les semis

La culture du bonsaï à partir de semis est un processus d'une extrême lenteur. Certaines espèces germent facilement, d'autres requièrent un traitement spécial. Au terme de la germination, quand la plante est assez grande pour être manipulée, on la rempote et on la laisse pousser plusieurs années avant d'entamer la phase de formation. La plantule a ainsi le temps de développer des racines, une ramure et un tronc suffisants et d'acquérir la souplesse et la force nécessaires pour faire face à la taille d'envergure qui l'attend.

le bouturage

Le prélèvement de boutures est une méthode pratique pour multiplier des espèces ou des cultivars inhabituels ou particulièrement convoités. Simple et bon marché, elle peut aussi s'avérer lente et donner des résultats inégaux. Sa réussite dépend de la facilité avec laquelle la bouture racinera et deviendra une plante autonome.

Comme pour les bonsaïs obtenus à partir de semis, il faut des années avant que les boutures racinées laissent la place à un tronc robuste, des racines vigoureuses et une ramure assez développée.

partir d'un sujet de pépinière

Les arbres et arbustes acquis en pépinière offrent souvent une bonne base pour la création de bonsaïs car ils ont déjà de bonnes racines et se sont accoutumés à la vie en pot. De premier ou de deuxième choix, les plantes de jardineries donnent des résultats satisfaisants. Inspectez-les soigneusement et veillez à ce qu'elles soient parfaitement saines avant de les acheter.

prélever la plante dans la nature

Il est préférable de laisser faire un horticulteur expérimenté car cette méthode demande beaucoup de soins pour ne pas perturber les plantes alentour et ne pas endommager les racines.

Le prélèvement dans la nature ne se fait qu'avec l'autorisation expresse du propriétaire du terrain. Et n'oubliez pas que le déracinement d'espèces protégées est passible de poursuites.

entretenir votre bonsaï

Les bonsaïs ne sont pas des plantes d'appartement mais d'extérieur et doivent être traités comme telles. Toutefois, certaines espèces très rustiques dans leur pays d'origine ne le sont plus sous d'autres climats ; il va falloir en tenir compte dans leur entretien et leur culture. Cultivées sous des climats tempérés, les espèces semi-rustiques et tropicales quant à elles auront parfois besoin d'être protégées à l'intérieur. À l'extérieur comme à l'intérieur, tous les bonsaïs ont besoin d'un environnement reproduisant leur milieu naturel pour s'épanouir.

l'arrosage

Dans presque tous les cas, la terre doit rester humide en permanence et ne doit jamais s'assécher complètement. De nombreuses plantes en pot, y compris les bonsaïs, meurent d'un arrosage excessif car aucune, à l'exception des espèces aquatiques, ne peut supporter un sol détrempé en permanence. La clef d'un bon arrosage est de savoir doser les quantités à la bonne fréquence.

Pour savoir si un bonsaï a besoin d'eau, grattez doucement la surface pour évaluer l'humidité du substrat en profondeur. Si la terre est à peine humide, il faut arroser, si elle est sèche, il faut procéder immédiatement à l'arrosage par trempage ou immersion. En soulevant le pot, vous saurez si elle est sèche ou humide, la terre mouillée étant plus lourde. Il est préférable d'arroser tôt le matin, ou en fin d'après-midi. Les racines des plantes étant très actives pendant la nuit, ce n'est pas une bonne idée de les arroser en fin de soirée car la plante passerait la nuit dans un sol détrempé.

la qualité de l'eau

La qualité de l'eau est essentielle à la santé du bonsaï. L'eau de pluie est de loin la meilleure pour toutes les espèces : elle ne contient ni sels de calcium qui rendent l'eau calcaire, ni chlore, ni fluorures. N'arrosez jamais avec de l'eau adoucie par des moyens artificiels dans laquelle on remplace les sels de calcium par des sels de sodium pendant la phase d'adoucissement.

L'eau du robinet induit l'accumulation de sels de calcium à la surface du substrat et au niveau du rebord du pot. Il faudra enlever régulièrement ces incrustations avec une vieille brosse à dents. Les espèces éricacées ou qui apprécient l'acidité ne tolèrent ni les sels de calcium, ni la chaux. Arrosez-les à l'eau de pluie.

en pluie

C'est la façon la plus évidente et la plus naturelle d'arroser les bonsaïs. Utilisez l'eau de pluie à température ambiante dans un arrosoir muni d'une pomme à trous très fins. Arrosez doucement jusqu'à ce que l'eau atteigne le rebord du pot. Laissez le bonsaï absorber l'eau et renouvelez l'opération une fois. L'eau doit alors s'écouler par les trous de drainage. Si ce n'est pas le cas ou si elle s'écoule d'un seul coup après l'arrosage, c'est que la terre est trop compacte. Il faut alors procéder à un arrosage par immersion et rempoter au plus vite le bonsaï dans un nouveau mélange. Assurez-vous bien que la terre est arrosée de toutes parts ; on oublie les petits coins, la terre derrière le tronc par exemple, ce qui affaiblit les racines.

L'arrosage des bonsaïs d'intérieur s'effectue de la même façon qu'en extérieur et sera complété d'une vaporisation régulière des feuilles pour augmenter le taux d'humidité autour de la plante et l'encourager à rester saine.

par immersion

Cette méthode est utilisée quand la terre est desséchée, trop compacte ou si encombrée de racines que l'eau n'imbibe plus le sol.

Laissez le bonsaï dans sa céramique et placez-le dans une bassine. Remplissez

Arrosage par immersion (à gauche) et par capillarité (à droite).

petit à petit jusqu'à ce que l'eau atteigne le rebord du pot. Attendez qu'il n'y ait plus de bulles, ou 1/2 heure environ (il n'y a pas de formation de bulles quand la terre est compacte) avant de sortir la plante de la bassine puis inclinez légèrement le pot jusqu'à ce que le trop-plein cesse de s'écouler. Les bonsaïs arrosés de pluie bénéficieront d'un arrosage par immersion une fois par mois environ, de sorte qu'aucune racine ne risque le dessèchement.

par capillarité

C'est la technique la plus simple et la plus pratique à mettre en œuvre quand vous vous absentez. Placez une cuvette près du pot, et reliez les deux avec une mèche ou une bande de tissu en vous assurant que celle-ci trempe bien dans l'eau et qu'elle est parfaitement coincée dans le pot. (Pensez à placer la plante à l'ombre pour que la terre sèche moins vite.) L'autre solution consiste à mettre votre bonsaï en pension dans une pépinière qui assure une « garderie ».

attention au gel

La plupart des bonsaïs sont très rustiques sous un climat tempéré, à l'exception des bonsaïs d'intérieur. Les espèces rustiques ont besoin d'au moins deux bonnes gelées pour entrer en dormance et interrompre leur croissance pendant l'hiver. Tous les bonsaïs ont des racines sensibles au gel car ils sont cultivés en pot. Les dommages dus au gel surviennent surtout au printemps, notamment sur les bourgeons foliaires et les bourgeons floraux.

Pour protéger vos bonsaïs du vent et du gel en hiver, nous vous suggérons de placer la plante sur un banc ou dans un coin abrité et de le recouvrir d'un voile horticole ou de film bulles. La plante sera ainsi totalement protégée du gel sans être étouffée et pourra respirer à son aise. N'oubliez pas d'exposer la plante en pleine lumière dès que les risques de gelée sont passés.

Certaines espèces demandent à être protégées tout l'hiver et seront installées dans une serre froide. Cette précision est indiquée dans le catalogue.

les mélanges terreux

Les mélanges terreux contiennent deux éléments principaux : la matière organique qui fournit les éléments nutritifs nécessaires à la croissance de la plante et du gravier qui assure l'aération du substrat. Les meilleurs mélanges sont composés de terreau de feuilles, de tourbe, d'humus, de gravier, de sable et d'engrais, dans des proportions qui varient selon les besoins. Voici les proportions d'un bon mélange de base adapté à presque tous les bonsaïs : 1/3 de terreau de feuilles, 1/3 de tourbe ou de fibre de coco et 1/3 de gravier. Il permet une bonne rétention d'eau tout en étant suffisamment aéré pour garantir une plante saine. Sauf mention contraire, tous les bonsaïs présentés dans cet ouvrage peuvent être cultivés dans ce mélange. Pour les espèces qui exigent un substrat très drainant, on ajoutera environ 30 % de gravier au mélange de base. Pour les plantes acidophiles comme les azalées et les rhododendrons, on utilisera exclusivement un mélange pour éricacées. Ces plantes supportant mal la présence de calcium ou de chaux dans la terre ont besoin d'un mélange spécifique sans chaux qui remplacera le terreau de

Les différents composants d'un mélange terreux.
De gauche à droite : terreau de feuilles, gravier horticole et tourbe.

feuilles dans le mélange de base indiqué ci-dessus. On préférera un gravier horticole préalablement lavé, vendu dans le commerce pour écarter la présence de chaux dans le substrat. L'akadama, mélange argileux très drainant importé du Japon, est traditionnellement utilisé pour les bonsaïs. Pauvre en éléments nutritifs, il est surtout composé de granulés d'argile et réservé à des cas précis, la plupart des bonsaïs prospérant avec bonheur dans un bon mélange de base.

les engrais

Toutes les plantes ont besoin pour survivre de trois éléments nutritifs essentiels – azote, phosphore et potassium – et d'une infime quantité d'oligo-éléments tel le magnésium. Tous les mélanges contiennent ces éléments dans diverses proportions, il n'en va pas de même pour les oligo-éléments. Sans un régime nutritif approprié, la plante finira par s'affaiblir.

Les engrais sont soit organiques, soit minéraux et viennent renforcer la fertilité du substrat au plus fort de la croissance de votre bonsaï. Les engrais minéraux offrent à la plante des éléments nutritifs sous forme chimique. Les engrais organiques lui procurent des éléments similaires à ceux trouvés dans la terre et sont toujours élaborés à partir d'éléments naturels comme les algues, la luzerne, l'ortie ou la consoude. À long terme, on préférera un engrais organique qui permet au bonsaï de puiser ses ressources au fil de ses besoins.

quand ?

Comme pour toutes les autres plantes, on n'apporte de l'engrais aux bonsaïs que s'ils en ont besoin et pas plus qu'ils ne peuvent en absorber. La période la plus critique est celle où la croissance est la plus active, au printemps, en été et au tout début de l'automne. Pour les besoins spécifiques de chaque plante, reportez-vous au catalogue.

sous quelle forme ?

Au début de la période de croissance, quand les plantes grandissent à vue d'œil, l'idéal est un engrais organique équilibré ou un engrais à libération lente. Plus tard, pendant la saison de croissance, en général après le milieu de l'été, on pourra le remplacer par un engrais pauvre en azote, tel celui pour les tomates ou les rosiers.

Avec un engrais de ce type, les nouvelles pousses seront plus robustes et plus résistantes aux maladies. En outre, il favorisera la formation de racines vigoureuses et de bourgeons floraux pour la saison suivante.

Quelle que soit la forme de l'engrais, respectez scrupuleusement le mode d'emploi, notamment pour les engrais liquides à diluer. Une fertilisation au mauvais moment ou un engrais liquide trop concentré peuvent conduire à la production de pousses longues et gorgées de sève vulnérables aux pucerons et aux gelées, ou à une « brûlure des racines » qui signerait la mort de la plante.

les bonsaïs d'intérieur

Les bonsaïs d'intérieur bénéficieront d'un apport d'engrais toute l'année, qu'on limitera cependant à la fin de l'automne et en hiver, périodes où la croissance ralentit. On préférera alors un engrais pauvre en azote.

le rempotage

Pour que votre bonsaï vive longtemps et en bonne santé, veillez bien à ce qu'il développe en permanence des racines jeunes et actives. Vos bonsaïs n'ont nul besoin des longues racines pivotantes de leurs parents dans la nature. Au contraire, il faut encourager le développement des petites racines nourricières. On y parvient par une taille régulière des racines et par le rempotage, dans le même pot ou dans un pot de taille similaire. Les jeunes bonsaïs demandent à être rempotés plus souvent que les adultes, en général tous les deux ans, parfois même chaque année.

Voici quelques signes qui vous indiqueront si votre bonsaï a besoin d'être rempoté :

- sa croissance est ralentie ;
- l'eau d'arrosage s'écoule vite par les trous de drainage ou prend tout son temps pour traverser la terre ;
- quand on sort légèrement l'arbre de son pot, les racines enchevêtrées forment une masse très dense.

quand ?

La meilleure période de l'année pour le rempotage et la taille des racines va de la fin de l'hiver au début du printemps, juste avant le début de la vraie saison de croissance. Les espèces caduques sont en feuilles et les conifères commencent à produire de nouvelles pousses. Les plantes subissent moins de stress à cette époque et leurs besoins sont moindres, notamment en matière d'eau et d'éléments nutritifs. Une fois rempoté, un bonsaï aura besoin de quelques semaines pour se remettre des perturbations subies par ses racines, avant de démarrer sa croissance.

comment ?

- Couvrez d'une grille les trous de drainage du futur pot pour empêcher la terre de s'échapper. Fixez la grille au pot avec un fil métallique en la faisant passer dans deux trous de drainage. Si le pot ne présente qu'un seul trou, enroulez le fil sous un morceau de bois ou de bambou placé sous le pot. Cette grille garantit la bonne assise du bonsaï dans son pot. Épandez une fine couche de mélange terreux au

1 *Fixez une grille aux trous de drainage pour bien asseoir le bonsaï dans le pot.*

2 *Rabattez les racines en tenant compte de la taille du pot. Veillez à garder le plus possible de petites racines nourricières.*

3 *Remplissez soigneusement le pot de terre et tassez délicatement avec des baguettes.*

fond du pot, un peu plus généreuse à l'emplacement du tronc. Ce petit monticule doit être légèrement excentré pour répondre à l'asymétrie propre à l'art du bonsaï.

- À l'aide d'une spatule ou d'une griffe à racines, décollez doucement la terre sur les bords et sortez le bonsaï de son pot. Posez-le là où les racines ne risquent pas de se dessécher, nettoyez bien le pot avec un détergent biodégradable non agressif et rincez-le abondamment si vous devez le réutiliser. Ratissez doucement la masse racinaire du bonsaï, brisez les petites mottes de terre entre les racines et démêlez le chevelu racinaire. Secouez doucement la motte pour faire tomber la terre. Il doit rester environ la moitié du volume de terre de départ. Vérifiez que l'on entrevoit bien la base du tronc à travers la motte. Inspectez soigneusement le chevelu racinaire, traquez tout signe de dépérissement, de pourriture ou de parasites : c'est le moment ou jamais de traiter les problèmes.
- Avec les ciseaux à racines, procédez à la taille du chevelu racinaire en supprimant environ un tiers des racines. Rabattez plus sévèrement les racines épaisses en les raccourcissant au moins de moitié. Gardez le plus possible de petites racines nourricières.
- Continuez à tailler de sorte que la masse racinaire soit à l'aise dans le pot. Cette taille est effectuée à des fins pratiques et il faut parfois du courage pour le faire mais n'oubliez pas qu'on ne voit pas les racines et que la coupe n'a pas besoin d'être esthétique. Vous taillez pour que la plante soit en bonne santé et se développe pleinement.
- Déposez le bonsaï dans son pot, en étalant doucement les racines. Il faut parfois s'y reprendre à deux fois pour trouver la bonne position. Veillez à ce que le devant de l'arbre soit dans le bon sens et en harmonie avec le pot. Entourez ensuite le fil métallique autour du tronc pour le maintenir en position. Il doit être assez serré pour tenir l'arbre sans être trop tendu pour ne pas endommager le tronc ou les racines.
- Remplissez le pot de terre à l'aide d'un cylindre doseur. Tassez-la doucement autour des racines avec une baguette en veillant à ce qu'il y ait une bonne quantité de terre sous la motte. Tapotez délicatement le pot sur le plan de travail pour tasser la terre, ajoutez-en un peu au besoin, nivelez-la juste en-dessous du rebord et tassez-la de nouveau. Enlevez le trop-plein et nettoyez les bords du pot avec un balai de coco.
- Après le rempotage, arrosez généreusement mais délicatement pour ne pas perturber le nouveau substrat. Laissez le bonsaï à l'abri dans un lieu ombragé pendant quelques semaines

le temps qu'il montre des signes de croissance manifestes, tels que l'éclosion des bourgeons sur les espèces caduques. Ne fertilisez pas pendant six semaines (au moins) à deux mois pour que la plante puisse s'établir et que ses racines reprennent de la vigueur.

protéger les jin et les shari

Tous deux demandent une attention soutenue pour qu'ils restent sains et ne pourrissent pas, ce qu'ils feraient naturellement dans la nature. Inspectez-les scrupuleusement, régulièrement, et nettoyez-les avec une vieille brosse à dents, en insistant sur les bords de l'écorce. Badigeonnez soigneusement les zones écorcées d'acide acétique (vinaigre) ou d'acide citrique (jus de citron) pour que le bois garde sa couleur naturelle (on trouve aussi des produits spéciaux sur le marché). Nettoyez les taches importantes avec un détachant ménager à base d'eau de Javel en faisant très attention ; le chlore est un produit agressif qui risque d'endommager les autres parties de la plante si vous n'y prenez pas garde.

des soins réguliers

Comme pour toutes les plantes, surtout en pot, la clef d'une bonne santé réside dans un bon nettoyage. Il faudra inspecter vos bonsaïs une fois par jour, voire deux ou plus s'il fait très chaud ou très froid, pour prévenir les problèmes éventuels et les traiter avant qu'ils ne prennent de l'ampleur.

Une bonne terre, un arrosage régulier, de la lumière en abondance, un engrais approprié et une protection contre le vent et le gel : tous ces éléments contribuent à la bonne santé d'un bonsaï. D'autres facteurs entrent eux aussi en jeu : une bonne hygiène, un emplacement adapté et la lutte contre les ravageurs.

l'hygiène

En matière de bonsaïs, une bonne hygiène implique d'enlever régulièrement les feuilles mortes, les aiguilles et les débris à la base de l'arbre, de supprimer les mousses indésirables sur le sol et les algues sur le tronc, et de faire en sorte que le sol soit propre et dépourvu de mauvaises herbes.

l'emplacement

Il est préférable de ne pas laisser les bonsaïs près du sol, surtout les petits sujets, afin que l'on puisse les contempler facilement et s'en occuper sans avoir à se pencher. En les plaçant en hauteur, on assurera en outre une bonne circulation d'air autour des plantes, ce qui contribuera à leur bonne santé et préviendra la présence de ravageurs ou de maladies comme le mildiou. Surélevées, les plantes seront aussi moins vulnérables aux attaques des fourmis et des limaces. En outre, un bonsaï bien placé est un bonsaï que l'on peut admirer aisément à hauteur du regard. À l'extérieur, quelques briques ou parpaings et des planches suffiront pour construire une petite estrade ou un banc.

Les bonsaïs d'intérieur doivent eux aussi être soigneusement installés dans la maison. Il faudra porter la même attention à l'éclairage, la ventilation, etc. En outre, ils risquent les coups d'un occupant ou d'un animal domestique passant par là et seront sensibles aux variations de température s'ils sont situés près d'un radiateur ou d'un rebord de fenêtre dans une pièce chaude.

Certains bonsaïs d'intérieur sont assez rustiques pour passer quelque temps dehors pendant les mois d'été sous les climats tempérés. Il faudra cependant choisir leur emplacement avec soin, à l'abri du vent et des courants d'air, et sous une ombre partielle pour qu'ils ne grillent pas sous le soleil. Il est également important de penser à les vaporiser pendant la journée et à les arroser. Veillez à traquer les problèmes et les signes de stress, les bords jaunis des feuilles par exemple.

la lutte contre les ravageurs

Les bonsaïs sont exposés aux mêmes ravageurs et maladies que leurs parents au jardin. Et n'oubliez pas qu'une plante saine est toujours beaucoup plus résistante contre les attaques.

Quel que soit le problème, il faut d'abord en connaître la cause. Au besoin, apportez votre bonsaï chez votre pépiniériste. Quand vous aurez déterminé la maladie, vous pourrez choisir le remède le plus efficace. Si vous optez pour un traitement chimique, suivez attentivement les instructions du fabricant. Les ravageurs et maladies auxquels sont exposés les bonsaïs sont indiqués dans le catalogue.

les soins au fil des mois

Ce guide des soins est conçu comme un aide-mémoire vous rappelant les tâches les plus importantes à accomplir à telle ou telle saison. Il ne donne donc que les grandes lignes. Pour connaître les traits spécifiques de telle ou telle plante, reportez-vous au catalogue.

au début du printemps

Voici la période de l'année où l'on voit apparaître les premiers signes de croissance. Avec les jours qui rallongent, les bonsaïs évoluent quotidiennement. L'heure est venue de faire preuve de créativité, d'entreprendre les tâches de routine, de même que le nettoyage de printemps.

- **Emplacement** À l'abri du vent et du gel si besoin est. Attention au soleil du matin sur les bourgeons en période d'éclosion.
- **Arrosage** Limitez la quantité d'eau, mais ne laissez jamais la terre se dessécher.
- **Entretien** Traquez la présence éventuelle d'insectes, notamment sur les plantes qui ont bénéficié d'une protection hivernale. Grattez les algues sur les troncs.
- **Engrais** Régime d'hiver pour les bonsaïs d'intérieur avec un engrais pauvre en azote.

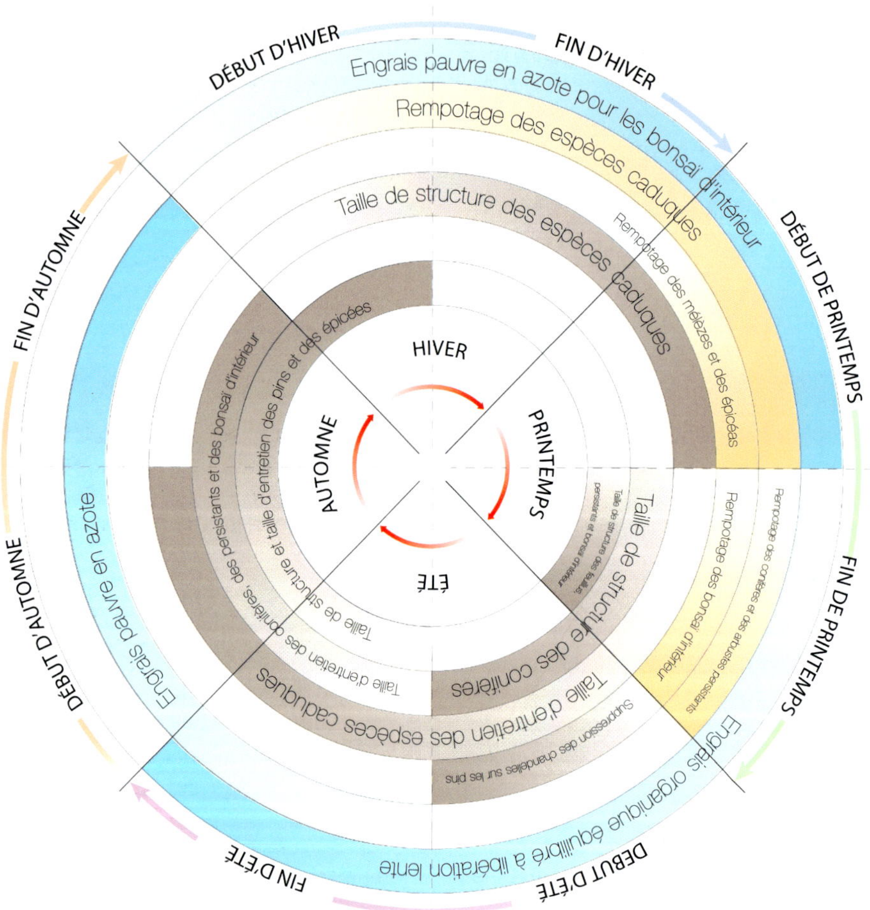

Engrais
Rempotage
Taille

- **Rempotage** Pour les espèces caduques et certains conifères.
- **Taille** Taille de structure et ligaturage des espèces caduques.

à la fin du printemps

Les jours étant plus longs que les nuits, c'est le moment d'une véritable poussée de croissance. Quelques journées plus froides sont cependant à prévoir.

- **Emplacement** Attention au soleil du matin sur les bourgeons foliaires qui éclosent et les bourgeons floraux. Protégez les plantes fleuries des dernières gelées. Sortez certaines espèces d'intérieur par beau temps.
- **Arrosage** Augmentez-le à mesure que la température ambiante augmente.
- **Entretien** Traquez les insectes et supprimez les mauvaises herbes.
- **Engrais** Commencez la fertilisation avec un engrais organique équilibré ou un engrais à libération lente.
- **Rempotage** Rempotage des conifères, des feuillus persistants et des bonsaïs d'intérieur.
- **Taille** Taille de structure des bonsaïs d'intérieur, des conifères et des persistants. Vous pouvez ligaturer les épicéas, les genévriers et les pins. Éclaircissez les branchettes sur les espèces caduques.

au début de l'été

Les espèces caduques ont désormais toutes leurs feuilles et beaucoup d'espèces fleuries affichent leurs fleurs. Les pins et les autres conifères produisent de nouvelles aiguilles et chandelles. Les jours sont de plus en plus longs et la situation évolue quotidiennement.

- **Emplacement** Sortez certaines espèces d'intérieur pendant la journée. Placez en situation ombragée celles qui sont sensibles à la lumière, à l'instar d'Acer, de Carpinus ou d'Azalea.
- **Arrosage** Arrosage généreux au fil des besoins.
- **Entretien** Inspection quotidienne contre la présence de nuisibles. Désherbage régulier.
- **Engrais** Apport d'un engrais organique équilibré ou d'un engrais à libération lente.
- **Taille** Taille de structure et ligaturage des conifères (à l'exception des pins et épicéas dont on s'occupera plus tard). Suppression des chandelles sur les pins. Pincement des autres conifères. Rabattage des nouvelles pousses sur les espèces caduques.

à la fin de l'été

En cette fin de saison les bonsaïs ont besoin d'une attention constante. Les jours commencent à raccourcir. Pensez à disposer vos bonsaïs intelligemment pendant les vacances.

- **Emplacement** Sortez certaines espèces d'intérieur pendant la journée. Placez en situation ombragée celles qui sont sensibles à la lumière, à l'instar d'Acer, de Carpinus ou d'Azalea.
- **Arrosage** Arrosage généreux au fil des besoins.
- **Entretien** Inspection régulière des plantes pour vérifier leur santé et traquer la présence éventuelle d'insectes. Désherbage. Nettoyage des feuilles tombées de l'arbre.
- **Engrais** Engrais à libération lente. Engrais pauvre en azote tel qu'un engrais à tomates ou à rosiers pour les espèces fleuries.
- **Taille** Taille et ligaturage des pins et des épicéas. Ligaturage des autres espèces si nécessaire. Inspection de la tension des ligatures déjà posées. Pincement des genévriers et des autres conifères. Rabattage des nouvelles pousses sur les espèces caduques, les feuillus persistants et les bonsaïs d'intérieur.

au début de l'automne

La croissance des bonsaïs commence à ralentir. Le moment est venu de récolter les fruits et les baies qui confèrent à l'arbre un intérêt supplémentaire. L'heure est propice à un examen approfondi des arbres et au bilan de la croissance saisonnière.

- **Emplacement** Sortez certaines espèces d'intérieur.
- **Arrosage** Arrosage généreux au fil des besoins.
- **Entretien** Suppression des mauvaises herbes et des feuilles mortes. Rabattage des jeunes pousses tardives éventuelles.
- **Engrais** Engrais pauvre en azote.
- **Taille** Pincement des genévriers. Derniers ligaturages des conifères. Taille et ligaturage des pins et des épicéas. Rabattage des nouvelles pousses sur les espèces caduques, les persistants et les bonsaïs d'intérieur.

à la fin de l'automne

Les jours sont maintenant plus courts que les nuits. La croissance est au point mort. Les espèces caduques perdent rapidement leurs feuilles après le spectacle final de leur robe d'automne.

- **Emplacement** Sortez certaines espèces d'intérieur par beau temps. Prévoyez la protection hivernale.
- **Arrosage** Si nécessaire. Attention au dessèchement les jours ensoleillés.
- **Entretien** Continuez de traquer les nuisibles. Nettoyez les débris à la surface du sol.
- **Engrais** Apport limité d'un engrais pauvre en azote.
- **Taille** Pincement modéré des genévriers. Taille et ligaturage des pins et

épicéas. Inspection des ligatures. Suppression des fils trop serrés. Poursuivez le rabattage des pousses tardives sur les espèces caduques, les persistants et les bonsaïs d'intérieur.

au début de l'hiver

Voici le moment des dernières couleurs d'automne, de la chute des feuilles et de l'hibernation pendant les sombres nuits d'hiver. C'est la période idéale pour inspecter la structure de l'arbre et planifier les tâches de l'année suivante.

- **Emplacement** À l'abri du vent et du gel, le cas échéant.
- **Arrosage** Arrosez avec soin. Le vent dessèche parfois la terre aussi vite que le soleil.
- **Entretien** Nettoyez les débris en surface. Traquez les nuisibles s'installant pour l'hiver. Déménagez les espèces à protéger dans leurs quartiers d'hiver. Nettoyez et désherbez au niveau du tronc et des racines.

- **Engrais** Apport d'un engrais pauvre en azote aux bonsaïs d'intérieur.
- **Rempotage** Rempotage des espèces caduques très rustiques (dormance hivernale). Mélangez un peu plus de terre pour le rempotage.
- **Taille** Dernière taille des pins et des épicéas. Taille de structure de quelques grandes espèces caduques.

à la fin de l'hiver

Une nouvelle année commence et pourtant le pire de l'hiver est encore à venir. C'est le moment de faire un peu de ménage, de réparer les bancs et les présentoirs puis de préparer la nouvelle saison.

- **Emplacement** À l'abri du vent et du gel si besoin est.
- **Arrosage** Arrosage limité et attentif. Assurez-vous que les racines ne se dessèchent jamais complètement. Attention au sol détrempé pendant les pluies. Soulevez légèrement les pots pour faciliter le drainage.
- **Entretien** Nettoyez et désherbez au niveau du tronc et des racines. Inspectez toutes vos plantes à la recherche de nuisibles qui auraient hiverné.
- **Engrais** Apport d'un engrais pauvre en azote aux bonsaïs d'intérieur.
- **Rempotage** Rempotage des espèces caduques.
- **Taille** Taille de structure des espèces caduques.

conifères et persistants

cèdre du Japon

Cryptomeria japonica Cupressacées

Signes particuliers Feuillage vert bleuté virant au bronze en automne, écorce rouge-brun, qui se détache en lanières.

Entretien Apprécie une situation lumineuse. Redoute le soleil direct. Maintenir humide mais non détrempé, plus sec en hiver. Abriter la plante du gel en hiver. Protéger son feuillage des vents desséchants. Engrais tous les 15 jours, du printemps à l'automne. Rempotage bisannuel à la fin du printemps chez les jeunes sujets puis tous les 3 à 5 ans.

Problèmes courants Pucerons et autres insectes suceurs de sève, araignées rouges, dépérissement dû aux champignons.

Originaire du Japon, ce grand conifère élégant à croissance rapide se caractérise par un grand tronc droit, une écorce au ton rougeâtre inhabituel qui se détache en lanières et des branches étalées aux feuilles en alène, formant des touffes denses sur de longues et minces ramilles. Tels ses nombreux cultivars, il est choisi pour ses qualités ornementales. Il tolère l'ombre et contrairement à bien d'autres conifères, il repartira après un rabattage en cépée. C'est un classique des espèces conduites en bonsaï.

Styles et dimensions Droit classique et informel, penché, au tronc écorcé, du lettré, aux racines qui enserrent la roche, planté sur la roche, en forêt, en paysage miniature et en paysage. De moyenne à très grande dimension.

Taille et ligaturage FIN DE PRINTEMPS Taille de structure et ligaturage. PRINTEMPS ET ÉTÉ Pincement des nouvelles pousses quand elles atteignent environ 1,2 cm pour garder un feuillage compact. Suppression des nouvelles pousses en excès sur le tronc principal et les branches.

Se procurer un plant En été, par boutures herbacées ou par marcottage. On peut acheter un jeune plant en pépinière pour le former ou un jeune bonsaï déjà formé.

Ci-contre *Jeune bonsaï conduit dans le style droit informel.*

cèdre du Japon 'Bandai-sugi'

Cryptomeria japonica 'Bandai-sugi' Cupressacées

Signes particuliers Feuillage vert virant au bronze par temps très froid. Écorce rouge-brun se détachant en lanières.

Entretien Apprécie une situation lumineuse, mais redoute le soleil direct. Maintenir humide mais non détrempé, plus sec en hiver. Abriter la plante du gel en hiver et protéger son feuillage des vents desséchants. Engrais tous les 15 jours, du printemps à l'automne. Rempotage bisannuel à la fin du printemps chez les jeunes sujets puis tous les 3 à 5 ans.

Problèmes courants Pucerons et autres insectes suceurs de sève, araignées rouges, dépérissement dû aux champignons.

Forme à croissance lente de *Cryptomeria japonica* (page 63), *Cryptomeria japonica* 'Bandai-sugi' est un petit arbre compact, de plus en plus irrégulier avec le temps. Comme son parent, il affiche une écorce d'un rouge inhabituel qui se détache en lanières, et des branches étalées portant des touffes denses de feuilles, à la croissance intermittente. Son feuillage serré, sa croissance lente et sa tolérance à la taille en font un bon candidat à la conduite en bonsaï.

Styles et dimensions Droit informel, penché, au tronc écorcé, du lettré, aux racines qui enserrent la roche, planté sur la roche, en forêt, en paysage miniature et en paysage. De toute petite à moyenne dimension.
Taille et ligaturage FIN DE PRINTEMPS Taille de structure et ligaturage. PRINTEMPS ET ÉTÉ Pincement des nouvelles pousses quand elles atteignent environ 1,2 cm pour garder un feuillage compact. Suppression des nouvelles pousses en excès sur le tronc principal et les branches.
Se procurer un plant En été, par boutures herbacées ou par marcottage. On peut aussi acheter un jeune plant en pépinière pour le former ou un jeune bonsaï déjà formé.

Ci-contre *Jeune bonsaï conduit dans le style droit informel.*

cèdre du Japon 'Elegans'

Cryptomeria japonica 'Elegans' Cupressacées

Signes particuliers
Feuilles juvéniles molles et pubescentes, rouge bronze en automne et en hiver. Écorce rouge-brun se détachant en lanières.

Entretien Aime une situation lumineuse, redoute le soleil direct. Maintenir humide mais non détrempé, plus sec en hiver. Abriter du gel en hiver et protéger son feuillage des vents desséchants. Engrais bimensuel du printemps à l'automne. Rempotage bisannuel fin du printemps chez les jeunes sujets puis tous les 3 à 5 ans.

Problèmes courants
Pucerons et autres insectes suceurs de sève, araignées rouges, dépérissement dû aux champignons.

Cryptomeria japonica 'Elegans' est une superbe forme de *Cryptomeria japonica* (page 63). C'est un petit arbre ou grand arbuste à l'écorce d'un rouge inhabituel qui se détache en lanières et aux branches étalées dont les jeunes feuilles molles et pubescentes virent au rouge bronze en automne et en hiver. Son feuillage étonnamment mou, sa croissance lente et sa tolérance à la taille font de *Cryptomeria japonica* 'Elegans' un bon cultivar du cèdre du Japon à conduire en bonsaï.

Styles et dimensions Droit informel, penché, au tronc écorcé, du lettré, aux racines qui enserrent la roche, planté sur la roche, en forêt, en paysage miniature et en paysage. De petite à grande dimension.
Taille et ligaturage FIN DE PRINTEMPS Taille de structure et ligaturage. PRINTEMPS ET ÉTÉ Pincement des nouvelles pousses quand elles atteignent environ 1,2 cm pour garder un feuillage compact. Suppression des nouvelles pousses en excès sur le tronc principal et les branches.
Se procurer un plant En été, par boutures herbacées ou par marcottage. On peut aussi acheter un jeune plant en pépinière pour le former ou un jeune bonsaï déjà formé.

Ci-contre *Bonsaï semi-mature conduit dans le style droit informel.*

chêne vert

Quercus ilex Fagacées

Signes particuliers Feuilles coriaces vert sombre au revers pubescent, jeunes pousses blanches velues, écorce fissurée et petits glands en hiver.

Entretien Plein soleil ou ombre partielle. Maintenir humide, plus sec en hiver. Protéger du gel et du vent en hiver. Engrais tous les 15 jours, de la fin du printemps au début de l'automne. Rempotage bisannuel des jeunes sujets à la fin du printemps puis tous les 2 à 5 ans selon les besoins.

Problèmes courants Chancres.

Ce grand arbre imposant, originaire du sud-ouest de l'Europe et du Bassin méditerranéen, a des feuilles coriaces vert sombre au revers pubescent, piquantes quand elles sont jeunes, de jeunes pousses blanches velues, une écorce fissurée et des glands en hiver. Cet arbre est intéressant et inhabituel pour la conduite en bonsaï car il tolère une taille sévère et peut développer du caractère avec le temps.

Styles et dimensions Droit informel, penché, en balai, à triple tronc, à troncs groupés sur une seule souche, en radeau et à racine rampante et sinueuse et en forêt. De moyenne à très grande dimension.

Taille et ligaturage FIN DE PRINTEMPS Taille de structure et ligaturage. Éclaircissage de la ramure. Coupe partielle des feuilles en cas de taille d'entretien et de taille des racines drastiques. On peut ligaturer si nécessaire. ÉTÉ ET DÉBUT D'AUTOMNE Pincement régulier et rabattage des nouvelles pousses pour conserver la forme.

Se procurer un plant Semer les glands à la fin de l'automne, marcottage aérien en été ou boutures herbacées en été ou par rempotage des plantules spontanées au printemps. On peut aussi acheter un jeune plant en pépinière pour le former ou acheter un jeune bonsaï déjà formé chez un fournisseur de bonsaïs.

Ci-contre *Bonsaï semi-mature de style droit informel.*

cyprès chauve

Taxodium distichum Cupressacées

Signes particuliers Délicat feuillage linéaire vert vif au printemps virant au rouille en automne, tronc en forme de bouteille à l'écorce fibreuse brun rougeâtre.

Entretien Situation à moitié ombragée. Maintenir humide en été, un peu plus humide en hiver. Protéger du gel en hiver. Engrais tous les 15 jours, du printemps à la fin de l'été. Rempotage au printemps, bisannuel pour les jeunes sujets puis tous les 3 à 5 ans.

Problèmes courants
En principe aucun.

Ce conifère caduc originaire du sud des États-Unis se distingue par sa forme conique étroite et son tronc qui prend la forme d'une bouteille. Il porte une écorce brun rougeâtre et des feuilles linéaires vert pâle à vif qui ont de jolies couleurs en automne. Il prospère dans les endroits marécageux et humides. C'est un arbre rarement conduit en bonsaï qui offrira cependant la même ramure aérée et la même forme dense et conique que dans la nature, ce qui imposera une taille très sévère.

Styles et dimensions Droit classique et informel, penché, à double tronc et en forêt. De moyennes à très grandes dimensions.
Taille et ligaturage PRINTEMPS Taille de structure et ligaturage. FIN DE PRINTEMPS ET ÉTÉ Rabattage des nouvelles branchettes à deux ou à trois feuilles. ÉTÉ Taille des feuilles réduite.
Se procurer un plant Par boutures herbacées en été ou par marcottage aérien au printemps. On peut aussi acheter un jeune plant en pépinière pour le former ou acheter un jeune bonsaï déjà formé chez un fournisseur de bonsaïs.

Ci-contre *Bonsaï semi-mature dans le style droit classique.*

cyprès Hinoki 'Nana Gracilis'

Chamaecyparis obtusa 'Nana Gracilis' Cupressacées

Signes particuliers Rameaux en coquilles au feuillage vert foncé. Délicates petites feuilles bordées d'un liseré bleu au revers.

Entretien Apprécie une bonne luminosité, mais redoute le plein soleil. Maintenir humide et vaporiser régulièrement. Protéger des vents desséchants en hiver, surtout par sol gelé. Engrais tous les 15 jours, du printemps à l'automne. Rempotage bisannuel à la fin du printemps chez les jeunes sujets puis selon les besoins, passé 10 ans.

Problèmes courants Pucerons, cochenilles et autres suceurs de sève, araignées rouges, chermès, dépérissement, oïdium.

Chamaecyparis obtusa 'Nana Gracilis' est une variété naine du cyprès Hinoki, l'un des arbres à bois de construction les plus utilisés au Japon et arbre sacré du culte Shinto. Petit arbre ou arbuste conique compact, il arbore des rameaux en coquilles et un feuillage vert soutenu bordé d'un liseré bleu au revers des feuilles. Il est très apprécié en bonsaï pour son feuillage fin qui confère de la densité et de la profondeur, contribuant à l'impression de paysage naturel dans tous les styles.

Styles et dimensions Tous les styles, sauf en balai. Toutes les dimensions.
Taille et ligaturage FIN DE PRINTEMPS Taille de structure et ligaturage. ÉTÉ ET DÉBUT D'AUTOMNE Pincement de l'extrémité des rameaux pendant la saison de croissance.
Se procurer un plant Par boutures à raciner dans le sable en été ou en automne, par marcottage en été ou par greffage à la fin de l'été. On peut aussi acheter un sujet déjà formé chez un fournisseur de bonsaïs.

Ci-contre *Bonsaï semi-mature dans le style penché, agrémenté de* jin *et d'un* shari.

épicéa commun 'Nidiformis'

Picea abies 'Nidiformis' Pinacées

Signes particuliers Feuillage dense, ramure en étage aux branches horizontales, écorce et cônes écailleux.

Entretien Plein soleil. Maintenir humide, plus sec en hiver. Mettre les petits arbres à l'abri du gel en hiver et protéger les feuilles des vents desséchants. Engrais tous les 15 jours, du début du printemps au milieu de l'automne. Rempotage bisannuel à la fin du printemps.

Problèmes courants Pucerons et autres insectes suceurs de sève, tordeuses, charançons du pin, chermès.

C'est un conifère nain et dense, de port étalé, à la cime aplatie. Ses branches à la surface rugueuse forment une structure en étage, horizontale. Ses aiguilles groupées en verticilles piquants et denses sont souvent poisseuses à cause de la résine. *Picea abies* 'Nidiformis' produit des cônes pendants cylindriques persistants. Les épicéas qui sont originaires des régions tempérées de l'hémisphère Nord sont fréquemment utilisés pour le reboisement et leur bois est exploité à de nombreuses fins commerciales. *Picea abies* 'Nidiformis' étant un arbre vigoureux, sachant s'adapter, et se prêtant à une grande variété de styles, c'est un bon choix pour les débutants.

Styles et dimensions Tous les styles, sauf en balai. Toutes les dimensions. Particulièrement adapté aux petits bonsaïs.

Taille et ligaturage FIN D'AUTOMNE ET HIVER Taille de structure et ligaturage. PRINTEMPS ET ÉTÉ Pincement des nouvelles pousses quand elles atteignent 2,5 cm environ.

Se procurer un plant Par prélèvement de boutures sur le bois de l'année en automne. On peut aussi acheter un sujet déjà formé chez un fournisseur de bonsaïs.

Ci-contre *Bonsaï semi-mature conduit dans le style droit informel.*

épinette blanche 'Conica'

Picea glauca 'Conica' Pinacées

Signes particuliers Feuillage dense vert vif, écorce écailleuse brun foncé et cônes cylindriques pendants brun clair.

Entretien Plein soleil. Maintenir humide, plus sec en hiver. Mettre les petits arbres à l'abri du gel en hiver et protéger les feuilles des vents desséchants. Engrais tous les 15 jours, du début du printemps au milieu de l'automne. Rempotage bisannuel au printemps.

Problèmes courants
Pucerons et autres insectes suceurs de sève, tordeuses, charançons du pin, chermès.

Picea glauca var. *albertiana* 'Conica' est un conifère conique compact à croissance lente, au feuillage dense vert vif. Originaire de la région des Rocky Mountains au Canada, il supporte beaucoup mieux un sol sec que les autres épicéas. Il arbore une écorce écailleuse brun sombre. Les branches régulières et horizontales portent des cônes cylindriques marron clair qui tiennent longtemps et pendent sous les feuilles. C'est un bon sujet pour les débutants. Résistant, il saura s'adapter à de nombreux styles.

Styles et dimensions Tous les styles, sauf en balai. Toutes les dimensions. Particulièrement adapté aux petits bonsaïs.
Taille et ligaturage FIN D'AUTOMNE ET HIVER Taille de structure et ligaturage. PRINTEMPS ET ÉTÉ Pincement des nouvelles pousses quand elles atteignent 2,5 cm environ.
Se procurer un plant Par prélèvement de boutures sur le bois de l'année en automne. On peut aussi acheter un sujet déjà formé chez un fournisseur de bonsaïs.

Ci-contre *Bonsaï semi-mature de style droit informel.*

épinette noire

Picea mariana Pinacées

Signes particuliers Feuillage vert bleuté foncé, écorce brune écailleuse et cônes bruns pendants, violacés quand ils sont jeunes.

Entretien Plein soleil. Maintenir humide, plus sec en hiver. Mettre les petits arbres à l'abri du gel en hiver et protéger les feuilles des vents desséchants. Engrais tous les 15 jours, du début du printemps au milieu de l'automne. Rempotage bisannuel à la fin du printemps.

Problèmes courants Pucerons et autres insectes suceurs de sève, tordeuses, charançons du pin, chermès.

Ce conifère est étroit et conique, de taille moyenne, avec des jeunes pousses couvertes de poils bruns. Originaire des régions nord du Canada et des États-Unis, il supporte mieux les sols secs que les autres épicéas. Il se caractérise par une écorce brun foncé et écailleuse, un feuillage vert bleuté foncé et des feuilles regroupées sur la partie supérieure des branchettes. Ses cônes bruns, qui pendent plus bas que les feuilles, sont très persistants. Cet arbre vigoureux aux branches résineuses flexibles sait s'adapter et se prête à une grande variété de styles, c'est donc un bon sujet à conduire en bonsaï.

Styles et dimensions Tous les styles, sauf en balai. Toutes les dimensions.

Taille et ligaturage FIN D'AUTOMNE ET HIVER Taille de structure et ligaturage. PRINTEMPS ET ÉTÉ Pincement des nouvelles pousses quand elles atteignent 2,5 cm environ.

Se procurer un plant Par prélèvement de boutures sur le bois de l'année en automne. On peut aussi acheter un sujet déjà formé chez un fournisseur de bonsaïs.

Ci-contre *Bonsaï semi-mature de style droit informel.*

genévrier de Chine 'Blaauw'

Juniperus chinensis 'Blaauw' Cupressacées

Signes particuliers Touffes denses et plumeuses de feuilles bleu-gris. Écorce brune qui s'exfolie.

Entretien Apprécie beaucoup de lumière mais à protéger du plein soleil. Maintenir humide et vaporiser régulièrement. Protéger du gel et des vents desséchants en hiver, surtout par sol gelé. Engrais tous les 15 jours, du printemps à l'automne. Rempotage bisannuel au printemps chez les jeunes sujets puis selon les besoins passé 10 ans.

Problèmes courants Pucerons, cochenilles et autres insectes suceurs de sève, araignées rouges, bupreste du genévrier, chancre cortical du cyprès et dépérissement.

Originaire de Chine, du Japon et de Corée, c'est une des formes du genévrier de Chine, un petit arbre ou un grand buisson à l'écorce qui s'exfolie, arborant des branches principales fortement ascendantes et de petits rameaux latéraux. Il est couvert de touffes denses et plumeuses de feuilles bleu-gris. On le conduit en bonsaï pour son écorce qui lui confère de la maturité et ses branches ascendantes qui en font un excellent sujet pour les styles à troncs multiples et les plantations en groupe.

Styles et dimensions Tous les styles, sauf en balai. Toutes les dimensions. Également adapté aux *jin* et aux *shari*.

Taille et ligaturage FIN DE PRINTEMPS Taille de structure et ligaturage. FIN DE PRINTEMPS, ÉTÉ ET DÉBUT D'AUTOMNE Pincement des pousses d'extrémité pendant la saison de croissance. Supprimez régulièrement toutes les aiguilles jaunes.

Se procurer un plant En été, par boutures à raciner dans le sable ou par marcottage. On peut aussi acheter un jeune plant en pépinière pour le former ou acheter un jeune bonsaï déjà formé chez un fournisseur de bonsaïs.

Ci-contre *Bonsaï adulte au tronc écorcé rehaussé de* shari *et de* jin.

genévrier de Chine 'Shimpaku'

Juniperus chinensis 'Shimpaku' Cupressacées

Signes particuliers Touffes denses de feuillage bleu-gris. Écorce brune qui s'exfolie.

Entretien Apprécie beaucoup de lumière, mais redoute le plein soleil. Maintenir humide et vaporiser régulièrement. Protéger du gel et des vents desséchants en hiver, surtout par sol gelé. Engrais tous les 15 jours, du printemps à l'automne. Rempotage bisannuel au printemps chez les jeunes sujets puis selon les besoins, passé 10 ans.

Problèmes courants Pucerons, cochenilles et autres insectes suceurs de sève, araignées rouges, bupreste du genévrier, chancre cortical du cyprès et dépérissement.

Juniperus chinensis 'Shimpaku' est une des formes du genévrier de Chine, originaire de Chine, du Japon et de Corée. 'Shimpaku' est un petit arbre ou arbuste à croissance lente présentant une écorce brune qui s'exfolie et des touffes denses de feuilles bleu-gris. C'est une plante très répandue en bonsaï, pour son écorce qui la vieillit et ses touffes denses de feuilles qui lui confèrent de belles proportions.

Styles et dimensions Tous les styles sauf en balai. Toutes les dimensions. Également adapté aux *jin* et aux *shari*.

Taille et ligaturage FIN DE PRINTEMPS Taille de structure et ligaturage. FIN DE PRINTEMPS, ÉTÉ ET DÉBUT D'AUTOMNE Pincement des pousses d'extrémité pendant la saison de croissance. Supprimez régulièrement toutes les aiguilles jaunes.

Se procurer un plant En été, par boutures à raciner dans le sable ou par marcottage. On peut aussi acheter un jeune plant en pépinière pour le former ou acheter un jeune bonsaï déjà formé chez un fournisseur de bonsaïs.

Ci-contre *Bonsaï adulte de style droit informel agrémenté de* shari *et de* jin.

genévrier rigide

Juniperus rigida Cupressacées

Signes particuliers Feuillage bleu-gris virant au bronze en automne. Écorce brun-jaune ou brune qui s'exfolie, tronc droit et érigé, baies sur les plantes femelles.

Entretien Apprécie beaucoup de lumière, redoute le plein soleil. Maintenir humide et vaporiser régulièrement. Protéger du gel et des vents desséchants en hiver, surtout par sol gelé. Engrais tous les 15 jours, du printemps à l'automne. Rempotage bisannuel au printemps chez les jeunes sujets puis selon les besoins passé 10 ans.

Problèmes courants Pucerons et autres insectes suceurs de sève, araignées rouges, dépérissement dû aux champignons.

Originaire du Japon, c'est un petit conifère persistant aux branches étalées portant d'élégantes branchettes et des feuilles piquantes en alène. Il faut deux ans pour que les baies produites sur les plantes femelles arrivent à maturité. La fructification a lieu si l'on cultive les plantes mâles et femelles ensemble. Très apprécié en bonsaï, il est facile à cultiver et se prête en outre aux *jin* et aux *shari*.

Styles et dimensions Droit classique et informel, penché, au tronc écorcé, du lettré, aux racines qui enserrent la roche, planté sur la roche, en forêt, en paysage miniature et en paysage. Également adapté aux *jin* et aux *shari*. De moyenne à très grande dimension.

Taille et ligaturage FIN DE PRINTEMPS Taille de structure et ligaturage. PRINTEMPS ET ÉTÉ Pincement des nouvelles pousses quand elles atteignent environ 1,2 cm pour garder un feuillage compact. Suppression des nouvelles pousses en excès sur le tronc principal et les branches. Gare aux feuilles piquantes pendant la taille !

Se procurer un plant En été, par boutures à raciner dans le sable ou par marcottage. On peut aussi acheter un jeune plant en pépinière pour le former ou acheter un jeune bonsaï déjà formé chez un fournisseur de bonsaïs.

Ci-contre *Jeune bonsaï en formation, conduit dans le style semi-cascade.*

houx japonais

Ilex crenata Aquifoliacées

Signes particuliers Feuillage gris-vert, dense, lustré. Écorce lisse gris argenté et baies noires en hiver sur les plantes femelles. Formes des structures intéressantes au niveau des racines.

Entretien Plein soleil ou ombre partielle. Maintenir humide même en hiver et vaporiser régulièrement en cas de chauffage central. Protéger du gel et des vents froids. Engrais tous les 15 jours, du printemps à l'automne. Apport d'engrais mensuel pour les sujets d'intérieur. Rempotage bisannuel à la fin du printemps.

Problèmes courants Mouche du houx et tordeuse.

Ce grand arbuste ou petit arbre à croissance lente est originaire du Japon et de Corée. Il se caractérise par des feuilles persistantes, proches de celles du buis, une écorce lisse gris argenté et de petites baies noires en hiver sur les plantes femelles. Comme il supporte l'ombre, on peut aussi le cultiver en bonsaï d'intérieur. C'est un classique des espèces conduites en bonsaï, apprécié pour sa rusticité, sa robustesse, sa tolérance à l'ombre et à la taille, souvent intéressant par la structure de ses racines.

Styles et dimensions Tous les styles, sauf en balai. Toutes les dimensions.
Taille et ligaturage FIN DE PRINTEMPS Taille de structure. Éclaircissage de la ramure. Coupez les feuilles (de moitié ou entièrement) en cas de taille d'entretien et de taille des racines drastiques. ÉTÉ ET DÉBUT D'AUTOMNE Pincement et rabattage régulier des nouvelles pousses pour garder une forme compacte.
Se procurer un plant Par boutures herbacées en été (sur les plantes femelles si l'on veut des fruits). On peut aussi acheter un jeune plant en pépinière pour le former ou acheter un jeune bonsaï déjà formé.

Ci-contre *Jeune bonsaï de style droit informel.*

if

Taxus baccata Taxacées

Signes particuliers Petites feuilles aciculaires vert foncé, écorce gris-brun qui s'exfolie, tronc érigé droit et fruits rouges toxiques.

Entretien Ombre partielle. Maintenir humide, plus sec en hiver. Vaporiser chaque jour à l'eau en été. Protéger du gel et des vents desséchants en hiver. Engrais tous les 15 jours, de la fin du printemps au début de l'automne. Rempotage tous les 3 ou 4 ans au printemps.

Problèmes courants Cochenilles, charançons et galle des bourgeons.

Ce conifère imposant, de grande envergure, est originaire des régions tempérées de l'hémisphère Nord. Son écorce gris-brun se détache en lanières et révèle un bois rouge. Il a des branches étalées flexibles, de courtes feuilles aciculaires vert foncé toxiques et des fruits rouges charnus en coupe, enfermant chacun une graine toxique. C'est un bon sujet à conduire en bonsaï réagissant bien à une taille sévère. La taille de ses feuilles évoque un vaste paysage.

Styles et dimensions Tous les styles, sauf en balai. Toutes les dimensions.
Taille et ligaturage FIN DE PRINTEMPS Taille de structure. FIN DE PRINTEMPS ET ÉTÉ Pincement des nouvelles pousses pendant la saison de croissance pour encourager la ramification. Suppression des nouvelles pousses en excès sur le tronc et les branches. AUTOMNE Ligaturage des branches jusqu'à l'âge de 3 ans. Procédez par ancrage de la ligature pour les branches plus âgées.
Se procurer un plant Par semis à partir de graines matures au printemps, rempotage des plantules spontanées au printemps, boutures herbacées à la fin de l'été, marcottage ou marcottage aérien en été. On peut acheter un jeune plant en pépinière pour le former ou un jeune bonsaï déjà formé.

Ci-contre *Bonsai semi-mature conduit dans un nouveau style. Le style droit informel est travaillé à partir d'un arbre existant.*

mélèze d'Europe

Larix decidua Pinacées

Signes particuliers Fines feuilles aciculaires vert vif au printemps prenant une teinte dorée en automne.
Écorce et cônes écailleux.

Entretien Plein soleil. Maintenir humide, plus sec en hiver. Mettre les petits arbres à l'abri du gel en hiver. Protéger le feuillage des vents desséchants. Engrais tous les 15 jours, du printemps à l'automne. Rempotage annuel au début du printemps. Balayez le sol ou les aiguilles mortes à la fin de l'automne.

Problèmes courants Pucerons et autres insectes suceurs de sève, dessèchement des pousses et chute des aiguilles, dépérissement, chermès des aiguilles du mélèze.

Ce conifère à feuilles caduques, originaire des régions montagneuses froides et humides de l'hémisphère Nord, a une forme conique et des feuilles aciculaires. Rustique, il supporte le vent et reste séduisant en toute saison. Il est facile à conduire en bonsaï. On retrouve en effet la plupart des styles dans la nature, là où les conditions de survie dans son habitat naturel (les montagnes) l'ont amené à produire des branches flexibles. C'est l'un des meilleurs choix pour les débutants.

Styles et dimensions Tous les styles, sauf en balai. Toutes les dimensions.
Taille et ligaturage FIN DE PRINTEMPS HIVER Taille de structure et ligaturage. PRINTEMPS ET ÉTÉ Pincement des nouveaux départs pour des pousses plus denses et plus compactes.
Se procurer un plant Par boutures à la fin de l'été ou par marcottage à la fin du printemps. On peut aussi acheter un sujet déjà formé chez un fournisseur de bonsaïs.

Ci-contre *Jeune bonsaï au tronc partiellement tourmenté en cours de formation.*

méléze du Japon

Larix kaempferi Pinacées

Signes particuliers Fines feuilles vert bleuté au printemps, nouvelles pousses rouge orangé prenant une teinte violacée en hiver. Feuillage doré en automne. Écorce et cônes écailleux.

Entretien Plein soleil, maintenir humide, plus sec en hiver. Mettre les arbres à l'abri du gel en hiver. Protéger le feuillage des vents desséchants. Engrais tous les 15 jours, du printemps à l'automne. Rempotage annuel au début du printemps. Balayez le sol ou les aiguilles mortes à la fin de l'automne.

Problèmes courants Pucerons et autres insectes suceurs de sève, dessèchement des pousses et chute des aiguilles, dépérissement.

Larix kaempferi est un conifère à feuillage caduc originaire des montagnes du nord du Japon. De forme conique élégante, il arbore de jeunes pousses rouge orangé qui se teintent de violet en hiver et des feuilles aciculaires. Rustique, supportant le vent, il garde tout son attrait quelle que soit la saison. Le grand âge de nombreux spécimens leur confère une grande valeur. *Larix kaempferi* est l'un des meilleurs choix pour les débutants : il est robuste, il sait s'adapter et ses branches souples se prêtent à des styles variés.

Styles et dimensions Tous les styles, sauf en balai. Toutes les dimensions.
Taille et ligaturage HIVER Taille de structure et ligaturage. PRINTEMPS ET ÉTÉ Pincement des nouveaux départs pour des pousses plus denses et plus compactes.
Se procurer un plant Par boutures à la fin de l'été ou par marcottage à la fin du printemps. On peut aussi acheter un sujet déjà formé chez un fournisseur de bonsaïs.

Ci-contre *Bonsaï adulte dans le style cascade.*

pin de montagne

Pinus mugo Pinacées

Signes particuliers Feuillage gris-vert, aux aiguilles dressées, groupées par paire et aux petits cônes groupés.

Entretien Plein soleil. Maintenir humide mais jamais détrempé, plus sec en hiver. Vaporiser régulièrement en été. Protéger des fortes gelées et des vents glacials. Engrais tous les mois, de la fin du printemps à la fin de l'automne. Rempotage au printemps, bisannuel chez les jeunes sujets puis tous les 2 à 5 ans selon les besoins.

Problèmes courants Charançons du pin, galéruques et bupestres, hannetons des pins et tordeuses des pousses, sphinx ou noctuelles, tous rongeant le bois, chermès du pin et dépérissement.

Cette espèce rustique est originaire des montagnes d'Europe centrale et occidentale. Ce petit arbre au port buissonnant a un feuillage gris-vert, une écorce écailleuse, des aiguilles rigides incurvées et des petits cônes groupés. Il a donné le jour à de nombreux clones nains à croissance lente. Ce bon sujet à conduite en bonsaï prend vite une silhouette mature, du caractère et tolère une taille régulière.

Styles et dimensions Tous les styles, sauf en balai. Particulièrement adapté pour les arbres aux racines qui enserrent la roche. Toutes les dimensions.

Taille et ligaturage AUTOMNE Taille de structure et ligaturage. Suppression de toutes les vieilles aiguilles et éclaircissage des pousses en excès pour laisser l'air et la lumière circuler dans la ramure en hiver. DÉBUT D'ÉTÉ Suppression des jeunes chandelles en excès. FIN DE PRINTEMPS, ÉTÉ ET DÉBUT D'AUTOMNE Rabattage ou suppression des pousses trop longues au fil de la saison de croissance.

Se procurer un plant Par semis en faisant tremper les graines toute la nuit avant de les planter et de les exposer au gel une nuit entière en hiver. On peut acheter un jeune plant en pépinière pour le former ou un jeune bonsaï déjà formé.

Ci-contre *Jeune bonsaï dans le style droit informel offrant un exemple de fixation de la ligature au pot.*

pin de montagne 'Gnom'

Pinus mugo 'Gnom' Pinacées

Signes particuliers Feuillage vert sombre aux aiguilles courtes et incurvées portées par paire, écorce écailleuse et cônes groupés.

Entretien Plein soleil. Maintenir humide, jamais détrempé, plus sec en hiver. Vaporiser régulièrement en été. Protéger des gelées et des vents glacials. Engrais tous les mois, de la fin du printemps à la fin de l'automne. Rempotage au printemps, bisannuel chez les jeunes sujets puis tous les 2 à 5 ans.

Problèmes courants Charançons du pin, galéruques et bupestres, hannetons des pins et tordeuses des pousses, sphinx ou noctuelles, tous rongeant le bois, chermès du pin et dépérissement.

Cette petite forme compacte de *Pinus mugo* (page 79) est originaire des montagnes d'Europe centrale et occidentale. Ce petit arbre présente une écorce écailleuse, un feuillage vert aux courtes aiguilles incurvées et aux petits cônes groupés. Compact par nature avec des aiguilles courtes qui donnent déjà une impression de miniaturisation, il se prête particulièrement à la conduite en bonsaï.

Styles et dimensions Tous les styles, sauf en balai. Particulièrement adapté aux bonsaïs dont les racines enserrent la roche et aux bonsaïs plantés sur la roche. Sujets de toutes les dimensions, à l'exception de très grands.

Taille et ligaturage AUTOMNE Taille de structure et ligaturage. Suppression de toutes les vieilles aiguilles et éclaircissage des pousses en excès pour laisser l'air et la lumière circuler dans la ramure en hiver. DÉBUT D'ÉTÉ Suppression des jeunes chandelles en excès. FIN DE PRINTEMPS, ÉTÉ ET DÉBUT D'AUTOMNE Rabattage ou suppression des pousses trop longues au fil de la saison de croissance.

Se procurer un plant Par semis en faisant tremper les graines toute la nuit avant de les planter et de les exposer au gel une nuit entière en hiver. On peut acheter un jeune plant en pépinière pour le former ou un jeune bonsaï déjà formé chez un fournisseur de bonsaïs.

Ci-contre *Bonsai adulte dans le style semi-cascade.*

pin des bouddhistes

Podocarpus chinensis Podocarpacées

Signes particuliers
Feuillage coriace vert sombre, écorce brun rougeâtre et fruits comestibles verts ou pourprés.

Entretien Sous les climats tempérés, elle supporte une situation ensoleillée à l'extérieur en été et une situation fraîche et lumineuse à l'intérieur en hiver, sans soleil direct avec une température minimale de 7 °C. Maintenir humide. Vaporiser chaque jour à l'eau. Engrais tous les 15 jours, de la fin du printemps à l'automne, puis toutes les 6 semaines en hiver. Rempotage tous les 3 à 5 ans à la fin du printemps, dans un mélange pour éricacées, avec une légère taille des racines.

Problèmes courants
Pucerons et autres insectes suceurs de sève, araignées rouges et cochenilles diaspines et cochenilles farineuses.

Podocarpus chinensis (syn. *Podocarpus macrophyllus* var. *maki*) est un petit conifère à croissance lente originaire de Corée et de Chine. Il se caractérise par un tronc droit couvert d'une écorce aux vertus médicinales, des branches horizontales, de longues feuilles lancéolées et coriaces, vert sombre, et des fruits comestibles verts ou pourprés. Bien qu'il s'agisse d'une espèce rustique, on le cultivera en bonsaï d'intérieur. *Podocarpus chinensis* est un classique apprécié pour sa tolérance à la taille.

Styles et dimensions Tous les styles. Toutes les dimensions, sauf les plus petites.
Taille et ligaturage FIN DE PRINTEMPS Taille de structure et ligaturage. PRINTEMPS ET ÉTÉ Rabattage des nouvelles pousses quand elles atteignent 1,2 cm environ pour garder un feuillage compact. Suppression des nouvelles pousses en excès sur le tronc et les branches.
Se procurer un plant Par semis à partir de graines matures toute l'année ou par boutures herbacées à la fin de l'été. On peut aussi acheter un jeune plant en pépinière pour le former ou acheter un jeune bonsaï déjà formé.

Ci-contre *Jeune bonsaï conduit dans le style droit informel.*

pin noir

Pinus nigra Pinacées

Signes particuliers Feuillage dense et rigide vert foncé, aiguilles aciculaires drues portées par paires, cônes solitaires ou groupés, écorce brun foncé à noir.

Entretien Plein soleil. Maintenir humide mais jamais détrempé, plus sec en hiver. Vaporiser régulièrement en été. Protéger des fortes gelées et des vents glacials. Engrais tous les mois, de la fin du printemps à la fin de l'automne. Rempotage au printemps, bisannuel chez les jeunes sujets puis tous les 2 à 5 ans selon les besoins.

Problèmes courants Charançons du pin, galéruques et bupestres, hannetons des pins et tordeuses des pousses, sphinx ou noctuelles, tous rongeant le bois, chermès du pin et dépérissement. Sensible à l'excès d'arrosage.

Pinus nigra est un grand conifère imposant originaire des Alpes et d'Europe balkanique.
Il arbore une écorce brun foncé à noir, un feuillage dense, de longues aiguilles aciculaires et des cônes solitaires ou groupés. Sa tolérance à des conditions de culture stressantes et à une taille répétée en fait un bon sujet pour la conduite en bonsaï.

Styles et dimensions Tous les styles, sauf en balai. Parfait en lettré. Toutes les dimensions.
Taille et ligaturage AUTOMNE Taille de structure et ligaturage. Suppression de toutes les vieilles aiguilles et éclaircissage des pousses en excès pour laisser l'air et la lumière circuler dans la ramure en hiver. DÉBUT D'ÉTÉ Suppression d'un tiers à la moitié des nouvelles chandelles. FIN DE PRINTEMPS, ÉTÉ ET DÉBUT D'AUTOMNE Rabattage ou suppression des pousses trop longues au fil de la saison de croissance.
Se procurer un plant Par semis en faisant tremper les graines toute la nuit avant de les planter et de les exposer au gel une nuit entière en hiver. On peut aussi acheter un jeune plant en pépinière pour le former ou acheter un jeune bonsaï déjà formé chez un fournisseur de bonsaïs.

Ci-contre *Jeune bonsaï conduit dans le style du lettré et présentant une ligature complexe.*

pin noir du Japon

Pinus thunbergii Pinacées

Signes particuliers Longues aiguilles épaisses vertes, branches tordues et écorce rugueuse caractéristique.

Entretien Plein soleil. Maintenir humide mais jamais détrempé, plus sec en hiver. Protéger des gelées sévères, du froid et des vents desséchants en hiver. Engrais tous les mois, de la fin du printemps à la fin de l'automne. Rempotage au printemps bisannuel chez les jeunes sujets puis tous les 2 ou 5 ans selon les besoins passé 10 ans.

Problèmes courants Charançons du pin, galéruques et bupestres, hannetons des pins et tordeuses des pousses, sphinx ou noctuelles, tous rongeant le bois, pucerons et pucerons lanigères.

Originaire du Japon, cette plante est très populaire dans les jardins et pour la culture en bonsaï. C'est un arbre de grande envergure, aux branches vigoureuses et tordues, aux aiguilles vrillées vert foncé. Les vieux sujets se distinguent par leur écorce rugueuse. Ce classique de la conduite en bonsaï est apprécié pour son caractère et sa tolérance à la taille et aux conditions de culture difficiles.

Styles et dimensions Tous les styles, sauf en balai. Parfait en lettré. Toutes les dimensions.

Taille et ligaturage FIN D'ÉTÉ ET AUTOMNE Taille de structure et ligaturage. Suppression des vieilles aiguilles et des pousses en excès pour laisser l'air et la lumière circuler dans la ramure en hiver. Rabattage des extrémités des branches un an sur deux. FIN DE PRINTEMPS Pincement des pousses en excès quand les aiguilles apparaissent. DÉBUT D'ÉTÉ Suppression des grandes chandelles centrales et quelques semaines plus tard, des nouvelles chandelles qui les ont remplacées.

Se procurer un plant Par semis en faisant tremper les graines toute la nuit avant de les planter et de les exposer au gel une nuit entière en hiver. On peut aussi acheter un jeune plant en pépinière pour le former ou acheter un jeune bonsaï déjà formé chez un fournisseur de bonsaïs.

Ci-contre *Bonsaï semi-mature au tronc partiellement tourmenté.*

pistachier térébinthe

Pistacia terebinthus Anacardiacées

Signes particuliers Feuillage dense et odorant vert foncé lustré. Parfois, de petits fruits rouges.

Entretien À l'intérieur en situation lumineuse, mais pas en plein soleil. Température minimale 10 °C. Maintenir humide même en hiver. A besoin d'atmosphère humide : vaporiser les feuilles chaque jour en cas de chauffage central et en situation chaude. Engrais tous les 15 jours, du printemps à l'automne, tous les mois en hiver. Rempotage bisannuel à la fin du printemps chez les jeunes sujets, puis tous les 2 à 5 ans selon les besoins, dans un mélange très drainant.

Problèmes courants Pucerons, cochenilles farineuses, aleurodes et autres insectes suceurs de sèves, araignées rouges, pourriture des racines en cas de stagnation dans l'eau, brûlure foliaire en été (plante trop près d'une fenêtre).

Pistacia terebinthus est une espèce persistante sous-tropicale originaire d'Asie Mineure et du Bassin méditerranéen. Il se caractérise par des touffes de feuilles pennées odorantes lustrées, vert foncé, de petites fleurs vertes insignifiantes et parfois de petits fruits rouges en automne. Parent de l'arbre qui produit les pistaches, on le cultive en bonsaï d'intérieur sous les climats tempérés.

Styles et dimensions Tous les styles, sauf les styles droit classique, en cascade, et en balai. Toutes les dimensions, à l'exception des très grands formats.
Taille et ligaturage FIN DE PRINTEMPS Taille de structure et ligaturage. PRINTEMPS ET ÉTÉ Rabattage des nouvelles pousses à une ou à deux paires de feuilles. Suppression des nouvelles pousses émergeant dans la partie inférieure du tronc, sauf en cas de besoin d'une nouvelle branche (pour changer ou améliorer la forme de la plante).
Se procurer un plant Par boutures herbacées au printemps et au début de l'été ou par marcottage aérien au printemps. On peut aussi acheter un jeune bonsaï déjà formé chez un fournisseur de bonsaïs.

Ci-contre *Jeune bonsaï conduit dans le style droit informel.*

pohutakawa

Metrosideros excelsa Myrtacées

Signes particuliers Feuillage dense vert sombre, écorce écailleuse, racines aériennes et fleurs rouge vif en forme de goupillon.

Entretien À l'intérieur en situation lumineuse, pas en plein soleil. Température minimale 7 °C. Toujours maintenir humide. A besoin d'atmosphère humide : vaporiser les feuilles chaque jour en cas de chauffage central. Engrais tous les 15 jours, de la fin du printemps à l'automne, tous les mois en hiver. Rempotage bisannuel à la fin du printemps.

Problèmes courants Pucerons et autres insectes suceurs de sève, araignées rouges, chlorose due à une mauvaise qualité de l'eau, brûlure du soleil en été (souvent quand le bonsaï est situé trop près d'une fenêtre).

Originaire de Nouvelle-Zélande, c'est un grand arbre gélif à feuillage persistant. Il affiche des touffes denses de petites feuilles lustrées vert sombre et des fleurs rouges en forme de goupillon en décembre et janvier. Son tronc brun grisâtre est couvert d'une écorce écailleuse et fibreuse qui forme parfois des racines à la recherche de cavités dans lesquelles se développer. Cette espèce qui supporte le sel, le vent et la sécheresse prospère dans des sols sableux et pauvres en éléments nutritifs. D'origine tropicale, on la cultive en bonsaï d'intérieur sous les climats tempérés.

Styles et dimensions Tous les styles, sauf en balai. Toutes les dimensions, sauf les plus petites.
Taille et ligaturage FIN DE PRINTEMPS Taille de structure et ligaturage. ÉTÉ ET AUTOMNE Retirer les fleurs fanées et rabattage des nouvelles pousses à une ou à deux paires de feuilles.
Se procurer un plant Par boutures au printemps et en été ou par marcottage aérien en été. On peut aussi acheter un sujet déjà formé chez un fournisseur de bonsaïs.

Ci-contre *Jeune bonsaï formé dans le style droit informel.*

arbres caducs

amandier

Prunus dulcis Rosacées

Signes particuliers Tronc noueux à l'écorce nervurée horizontalement. Les fleurs roses et blanches s'épanouissent au printemps après les feuilles. Les fruits verts contiennent une graine ovale qui abrite un fruit comestible : l'amande.

Entretien Plein soleil. Maintenir humide, plus sec en hiver mais augmenter l'arrosage quand les bourgeons commencent à gonfler. Protéger du gel en hiver. Engrais tous les 15 jours tout de suite après le rempotage jusqu'à la fin de l'été. Rempotage annuel après la floraison.

Problèmes courants Pucerons et autres insectes suceurs de sève, araignées rouges, oïdium en été.

Prunus dulcis est un petit arbre d'ornement, très élégant, à la ramure ouverte, originaire d'Afrique du Nord et de l'ouest de l'Asie. Il est naturalisé depuis des siècles dans le Bassin méditerranéen où il est cultivé à l'échelle commerciale pour ses fruits et son huile. *Prunus dulcis* présente des feuilles effilées finement dentelées, un tronc noueux à l'écorce nervurée horizontalement, des fleurs roses et blanches au printemps et des fruits vert grisâtre. C'est un classique des amateurs de bonsaï pour sa facilité de culture, l'élégance et la finesse de sa ramure.

Styles et dimensions Tous les styles, sauf droit classique, en balai et du lettré. Toutes les dimensions.
Taille et ligaturage PRINTEMPS Taille de structure après la floraison. ÉTÉ Laissez croître des pousses vigoureuses. AUTOMNE Raccourcissez les pousses trop longues et retaillez légèrement.
Se procurer un plant Par boutures ligneuses en hiver, marcottage en été ou greffage en hiver ou au printemps. On peut aussi acheter un jeune plant en pépinière pour le former ou acheter un jeune bonsaï déjà formé chez un fournisseur de bonsaïs.

Ci-contre *Jeune bonsaï conduit dans le style droit informe, photographié à la fin de l'automne.*

bouleau blanc d'Europe

Betula pendula Bétulacées

Signes particuliers Feuillage vert pâle brillant au printemps et jaune lumineux en automne. Élégantes branchettes pendantes. Écorce décorative blanc argenté qui s'exfolie.

Entretien Plein soleil ou ombre légère. Maintenir humide, plus sec en hiver. À protéger du gel pour éviter un dépérissement des branchettes. Engrais tous les 15 jours, un mois après l'émergence des feuilles jusqu'à la fin de l'été. Rempotage bisannuel au début du printemps.

Problèmes courants Mineuse du bouleau, maladie du corail, chancres et dépérissement, oïdium.

Cet arbre de taille moyenne, originaire de l'Europe et du nord de l'Asie, vigoureux et résistant, est souvent le premier à s'établir dans les régions désertiques et pousse en altitude. Il présente un tronc à l'écorce blanc argenté qui s'exfolie, des branches pendantes et des feuilles en losange. Ce sujet élégant et séduisant se prête facilement à la conduite en bonsaï toute l'année.

Styles et dimensions Droit informel, penché, balayé par les vents, à double et à triple tronc et en forêt. Toutes les dimensions.

Taille et ligaturage FIN DE L'HIVER Taille de structure. ÉTÉ Pincement des nouvelles pousses à une ou à deux feuilles. Suppression des grandes feuilles. Taille des branchettes et des ramilles pour conserver et parfaire le style. Cette plante qui saigne abondamment, étant sujette aux infections quand on la coupe, on utilisera systématiquement un mastic cicatrisant.

Se procurer un plant Par semis en hiver et au début du printemps, par rempotage des plantules spontanées à la fin de l'hiver et au début du printemps ou par boutures herbacées en été.

Ci-contre *Jeune bonsaï conduit par ligaturage dans le style droit informel.*

bouleau des marais

Betula pubescens Bétulacées

Signes particuliers Feuillage brillant vert pâle au printemps, jaune lumineux en automne, tiges grêles érigées vers le haut aux pousses lisses et pubescentes.

Entretien Plein soleil ou ombre légère. Maintenir humide, plus sec en hiver. À protéger du gel pour éviter un dépérissement des branchettes. Engrais tous les 15 jours, un mois après l'émergence des feuilles jusqu'à la fin de l'été. Rempotage bisannuel au début du printemps.

Problèmes courants Mineuse du bouleau, maladie du corail, chancres et dépérissement, oïdium.

Betula pubescens est un arbre de taille moyenne originaire de l'Europe et du nord de l'Asie. Il porte des tiges pubescentes, dressées, des branchettes légèrement vrillées et des feuilles en losange. *Betula pubescens* est un bon candidat à la culture en losange ; facile à cultiver, il garde son attrait tout au long de l'année.

Styles et dimensions Droit informel, penché, balayé par les vents, à double et à triple tronc et en forêt. Toutes les dimensions.

Taille et ligaturage FIN DE L'HIVER Taille de structure. ÉTÉ Pincement des nouvelles pousses à une ou à deux feuilles. Suppression des grandes feuilles. Taille des branchettes et des ramilles pour conserver et parfaire le style.

Cette plante qui saigne abondamment, étant sujette aux infections quand on la coupe, on utilisera systématiquement un mastic cicatrisant.

Se procurer un plant Par semis en hiver et au début du printemps, par rempotage des plantules spontanées à la fin de l'hiver et au début du printemps ou par boutures herbacées en été.

Ci-contre *Bonsaï semi-mature dans le style balayé par les vents, photographié en hiver dans un pot fait à la main.*

bouleau nain

Betula nana Bétulacées

Signes particuliers Feuillage vert vif au printemps, jaune en automne. Tronc luisant au ton cuivré.

Entretien Plein soleil ou ombre légère. Maintenir humide, plus sec en hiver. À protéger du gel pour éviter un dépérissement des branchettes. Engrais tous les 15 jours pendant la saison de croissance, à partir d'un mois après l'émergence des feuilles jusqu'à l'automne. Rempotage bisannuel à la fin de l'hiver.

Problèmes courants Mineuse du bouleau, maladie du corail, chancres et dépérissement, balais de sorcière du bouleau et oïdium.

Originaire des régions tempérées de l'hémisphère Nord, *Betula nana* peut survivre aux conditions extrêmes des zones glaciaires et du cercle arctique où les arbres ne sont débarrassés de la neige et de la glace que trois mois par an. Il arbore un petit tronc luisant portant des pousses très grêles et de petites feuilles arrondies. C'est une plante parfois haute et dégarnie, négligée dans les jardins, mais qui supporte particulièrement bien les tailles sévères et d'entretien. Parfait pour la conduite en bonsaï, ses petites feuilles se prêtent idéalement aux styles adaptés aux plus petites dimensions.

Styles et dimensions Tous les styles, sauf droit classique et en cascade. Des plus petits bonsaïs aux sujets de moyenne dimension.
Taille et ligaturage FIN DE L'HIVER Taille de structure. ÉTÉ Pincement répété des nouvelles pousses à une ou à deux feuilles pour un feuillage compact. Taille des feuilles, des branchettes et des ramilles pour conserver et parfaire le style.
Se procurer un plant Par boutures herbacées en été ou par marcottage aérien en été. On peut aussi acheter un jeune bonsaï déjà formé chez un fournisseur de bonsaïs.

Ci-contre *Bonsaï semi-mature de style droit informel.*

Capsicum frutescens

Solanacées

Signes particuliers Feuilles vert foncé, lisses et elliptiques, petits fruits rouges érigés et coniques.

Entretien Plein soleil en intérieur avec une température minimale 15 °C, à l'abri des courants d'air. Cette plante exige beaucoup d'humidité : la vaporiser tous les jours sauf quand elle est en fleurs et la maintenir humide. Engrais tous les 15 jours, du printemps à l'automne, tous les mois en hiver. Rempotage bisannuel au printemps.

Problèmes courants Pucerons et autres insectes suceurs de sève, araignées rouges et cochenilles.

Cette espèce vivace d'une grande longévité ou sous-arbustive est originaire d'Amérique centrale et d'autres régions tropicales. De hauteur variable, il se distingue par des feuilles coriaces elliptiques et ses fruits rouges caractéristiques à partir desquels on produit le tabasco. *Capsicum frutescens* est généralement traité en plante d'intérieur annuelle et vit rarement plus de deux ans dans les pays occidentaux. C'est un bonsaï original, facile à cultiver.

Styles et dimensions Droit informel, penché, balayé par les vents, semi-cascade, aux racines qui enserrent la roche, planté sur roche et en forêt. De petite à moyenne dimension.

Taille et ligaturage FIN DE PRINTEMPS Taille de structure. ÉTÉ ET AUTOMNE Pincement pour stimuler de nouvelles pousses. Tailles des feuilles, des branchettes et des ramilles de temps à autre pour conserver la forme souhaitée.

Se procurer un plant Par boutures de la fin du printemps à la fin de l'été ou par marcottage à la fin du printemps ou en été. On peut aussi acheter un jeune plant en pépinière pour le former.

Ci-contre *Bonsaï semi-mature de style droit informel.*

charme commun

Carpinus betulus Bétulacées

Signes particuliers Écorce décorative, striée, gris argenté. Feuillage d'automne jaune et doré. Graines ailées rappelant le houblon. L'arbre garde ses feuilles en hiver.

Entretien Ombre légère. Maintenir humide, plus sec en hiver. À protéger du gel en hiver. Engrais tous les 15 jours, du printemps à la fin de l'été. Rempotage bisannuel au début du printemps.

Problèmes courants Pucerons et autres insectes suceurs de sève, araignées rouges et oïdium.

Carpinus betulus est un arbre étalé, élégant, au port arrondi, originaire des forêts mixtes des régions tempérées d'Europe et d'Asie. Il se distingue par une écorce gris argenté, de petites feuilles nervurées, ovales et dentelées, et des grappes de graines ailées rappelant le houblon. Cultivé dans une haie ou en sujet isolé, *Carpinus betulus* garde ses feuilles en hiver et supporte des sols argileux très lourds. Il donne de bons résultats en bonsaï car il s'adapte bien à la vie en pot.

Styles et dimensions Tous les styles, sauf droit classique. Toutes les dimensions.
Taille et ligaturage FIN D'HIVER ET DÉBUT DE PRINTEMPS Taille de structure. ÉTÉ Pincement des nouvelles pousses à une ou à deux feuilles. Taille des feuilles, des branchettes et des ramilles pour conserver et parfaire le style. Suppression des grandes feuilles du printemps à l'automne (elles ont l'air déplacées).
Se procurer un plant Par semis de graines fraîches en automne, boutures herbacées en été ou rempotage des plantules spontanées à la fin de l'hiver et au début du printemps. On peut aussi acheter un jeune plant en pépinière pour le former ou acheter un jeune bonsaï déjà formé chez un fournisseur de bonsaïs.

Ci-contre *Jeune bonsaï conduit dans le style droit informel.*

charme commun 'Variegata'

Carpinus betulus 'Variegata' Bétulacées

Signes particuliers Écorce décorative, striée gris argenté, feuilles panachées de blanc crème prenant des tons jaunes et dorés en automne. Graines ailées rappelant le houblon. L'arbre garde ses feuilles en hiver.

Entretien À l'abri du plein soleil. Maintenir humide, plus sec en hiver. À protéger du gel en hiver. Engrais tous les 15 jours, du printemps à la fin de l'été. Rempotage bisannuel au début du printemps.

Problèmes courants Pucerons et autres insectes suceurs de sève, araignées rouges et oïdium.

Étalé, élégant, au port arrondi, originaire des forêts mixtes des régions tempérées d'Europe et d'Asie, cet arbre arbore une écorce gris argenté, de petites feuilles panachées nervurées, ovales et dentelées, et des grappes de graines ailées rappelant le houblon. On le cultive généralement en sujet isolé pour mettre en valeur son feuillage panaché original et décoratif. Cet arbre supporte des sols argileux très lourds et donne de bons résultats en bonsaï car il s'adapte bien à la vie en pot.

Styles et dimensions Tous les styles, sauf droit classique. Toutes les dimensions.
Taille et ligaturage FIN D'HIVER ET DÉBUT DE PRINTEMPS Taille de structure. ÉTÉ Pincement des nouvelles pousses à une ou à deux feuilles. Taille des feuilles, des branchettes et des ramilles pour conserver et parfaire le style. Suppression des grandes feuilles du printemps à l'automne (elles ont l'air déplacées).
Se procurer un plant Par boutures herbacées en été. On peut aussi acheter un jeune plant en pépinière pour le former ou acheter un jeune bonsaï déjà formé chez un fournisseur de bonsaïs.

Ci-contre *Bonsaï semi-mature conduit dans le style droit informel.*

charme de Turczaninov

Carpinus turczaninowii Bétulacées

Signes particuliers Branches et branchettes d'une grande finesse composant une ramure élégante, jeune feuillage rouge vif aux superbes tons rouge orangé en automne.

Entretien Ombre légère. Maintenir humide, plus sec en hiver. À protéger du gel en hiver. Engrais tous les 15 jours, du printemps à la fin de l'été. Rempotage bisannuel au début du printemps.

Problèmes courants Pucerons et autres insectes suceurs de sève, araignées rouges et oïdium.

Carpinus turczaninowii est un petit arbre buissonnant, très séduisant, originaire des forêts mixtes du nord de la Chine, de la Corée et du Japon. Il porte des branches fines, de toutes petites feuilles et branchettes et présente une ramure élégante. C'est un bonsaï très apprécié par les amateurs de bonsaï, notamment pour ses petites feuilles aux proportions idéales pour évoquer un paysage virtuel.

Styles et dimensions Tous les styles, sauf droit classique. Toutes les dimensions.
Taille et ligaturage FIN D'HIVER ET DÉBUT DE PRINTEMPS Taille de structure. ÉTÉ Pincement des nouvelles pousses à une ou à deux feuilles. Taille des feuilles, des branchettes et des ramilles pour conserver et parfaire le style. Suppression des grandes feuilles du printemps à l'automne (elles ont l'air déplacées).
Se procurer un plant Par semis de graines fraîches en automne, ou par boutures herbacées en été. On peut aussi acheter un jeune plant en pépinière pour le former ou acheter un jeune bonsaï déjà formé chez un fournisseur de bonsaïs.

Ci-contre *Bonsaï adulte de style droit informel.*

chêne chevelu

Quercus cerris Fagacées

Signes particuliers Feuillage vert vif au printemps virant au jaune et au marron en automne. Écorce décorative brun grisâtre et glands en automne.

Entretien Plein soleil. Protéger du gel en hiver. Maintenir humide, plus sec en hiver. Engrais tous les 15 jours, de la fin du printemps à la fin de l'été. Rempotage annuel des jeunes sujets au début du printemps, puis tous les 2 ou 3 ans passé 10 ans.

Problèmes courants Pucerons et autres insectes suceurs de sève, maladie du corail, chancres et dépérissement. Oïdium, auquel tous les chênes sont particulièrement sensibles.

C'est un grand arbre à croissance rapide originaire du sud de l'Europe et de l'ouest de l'Asie. Il arbore un tronc large, une écorce brun grisâtre, des feuilles légèrement lobées ou grossièrement dentelées, épaisses, et il produit des glands en automne. Le chêne chevelu supporte particulièrement bien les sols crayeux et le bord de mer, mais a tendance à produire des rejets. Rarement choisi pour la conduite en bonsaï, c'est pourtant un arbre vigoureux, d'une grande longévité, dont le tronc large et le port créent vite une impression de vieillesse et de maturité.

Styles et dimensions Tous styles, sauf droit classique, en balai, du lettré et en cascade. Moyenne à très grande dimension.

Taille et ligaturage FIN DE L'HIVER Taille de structure. ÉTÉ Pincement et rabattage des nouvelles pousses à une ou à deux feuilles. Taille des feuilles, des branchettes et des ramilles pour conserver et parfaire le style.

Se procurer un plant Par semis (glands) en automne, boutures herbacées en été ou marcottage aérien en été.

Ci-contre *Jeune bonsaï conduit dans le style droit informel.*

chêne pédonculé

Quercus robur Fagacées

Signes particuliers Feuillage vert vif au printemps prenant une teinte bronze doré en automne. Belle écorce fissurée brun grisâtre et glands en automne.

Entretien Plein soleil. Maintenir humide, plus sec en hiver. Protéger du gel en hiver. Engrais tous les 15 jours, de la fin du printemps à la fin de l'été. Rempotage annuel des jeunes sujets au début du printemps, puis tous les 2 ou 3 ans passé 10 ans.

Problèmes courants Pucerons et autres insectes suceurs de sève, maladie du corail, chancres et dépérissement. Oïdium, auquel tous les chênes sont particulièrement sensibles.

Quercus robur est un arbre de grande envergure, au port étalé, d'une grande longévité, originaire des forêts mixtes d'Europe, du Caucase et de l'ouest de l'Asie. Il présente un tronc large à l'écorce fissurée décorative, des feuilles légèrement lobées et des glands en automne. Son bois d'une grande beauté et très robuste a une forte valeur commerciale. C'est un arbre rarement cultivé en bonsaï malgré son tronc large et son port qui créent rapidement une impression de vieillesse et de maturité.

Styles et dimensions Tous les styles, sauf droit classique, en balai, du lettré et en cascade.
De moyenne à très grande dimension.
Taille et ligaturage FIN DE L'HIVER Taille de structure. ÉTÉ Pincement et rabattage des nouvelles pousses à une ou deux feuilles. Taille des feuilles, des branchettes et des ramilles pour conserver et parfaire le style.
Se procurer un plant Par semis (glands) en automne, rempotage des plantules spontanées en hiver et au début du printemps ou boutures herbacées en été. On peut aussi acheter un jeune plant en pépinière pour le former.

Ci-contre *Bonsaï semi-mature de style droit informel.*

copalme d'Amérique

Liquidamber styraciflua Hamamélidacées

Cet arbre de grande à moyenne envergure, à port conique étroit, originaire du nord-est de l'Amérique, porte des feuilles colorées à cinq ou à sept lobes. On le cultive pour son bois de qualité supérieure et sa sève ou sa gomme utilisée à de nombreuses fins commerciales dans les adhésifs, les encens et le parfum. C'est un bon candidat à la culture en bonsaï ; facile à cultiver, il supporte la taille et offre un spectacle vraiment très séduisant en automne et en hiver.

Signes particuliers Feuillage vert lustré. Superbe feuillage d'automne aux couleurs éclatantes, allant du rouge feu au rouge sombre, en passant par le jaune citron, le pourpre et le brun. Écorce liégeuse très fissurée sur le tronc et le vieux bois.

Entretien Plein soleil mais ombre légère en cas d'été très chaud. Maintenir humide, plus sec en hiver sans laisser la plante se dessécher. Vaporiser les feuilles de temps en temps. Engrais tous les 15 jours, de la fin du printemps à la fin de l'été. Rempotage bisannuel au début du printemps.

Problèmes courants
En principe aucun, mais peut être attaqué par les pucerons et autres insectes suceurs de sèves, les araignées rouges et l'oïdium.

Styles et dimensions Tous les styles, et plus particulièrement en balai et droit classique. Toutes les dimensions.

Taille et ligaturage FIN DE L'HIVER Taille de structure. ÉTÉ Pincement des nouvelles pousses à une ou à deux feuilles. Taille des feuilles, branchettes et ramilles pour conserver et parfaire le style. Suppression des grandes feuilles.

Se procurer un plant Par semis en automne, par boutures herbacées en été ou par marcottage aérien à la fin de l'automne. On peut aussi acheter un jeune plant en pépinière pour le former ou acheter un jeune bonsaï déjà formé chez un fournisseur de bonsaïs.

Ci-contre *Bonsaï semi-mature conduit en balai.*

cornouiller mâle

Cornus mas Cornacées

Signes particuliers Écorce squameuse brun foncé. Feuilles ovales et pointues formant une couronne dense. Fleurs jaune vif avant l'éclosion des feuilles au printemps. Fruits comestibles rouge vif rappelant les cerises. Feuillage rouge pourpré en automne.

Entretien Plein soleil. Ombre légère en été. Maintenir humide, plus sec en hiver. À protéger du gel. Engrais tous les 15 jours, de la fin du printemps au début de l'automne. Rempotage bisannuel au début du printemps.

Problèmes courants Pucerons et autres insectes suceurs de sève, araignées rouges, maladie du corail, chancres et dépérissement, oïdium.

Cornus mas est un petit arbre ou arbuste très ramifié qui pousse dans les sols calcaires d'Europe centrale et du sud de l'Europe. Il présente un tronc court, une écorce brune squameuse et de longues feuilles ovales et pointues. *Cornus mas* fleurit au début du printemps et produit ses fruits rouges en automne. C'est un choix original pour la conduite en bonsaï. Facile à cultiver, il supporte une taille sévère et reste séduisant toute l'année.

Styles et dimensions Tous les styles, sauf droit classique. Toutes les dimensions.
Taille et ligaturage HIVER Taille de structure et ligaturage. ÉTÉ Pincement des nouvelles pousses à une ou à deux feuilles. Taille des feuilles, des branchettes et des ramilles pour conserver et parfaire le style. Suppression des grandes feuilles du printemps au milieu de l'automne.
Se procurer un plant Par boutures herbacées en été ou par marcottage aérien en été. On peut aussi acheter un jeune plant en pépinière pour le former.

Ci-contre *Bonsaï semi-mature conduit en balai.*

épine blanche

Crataegus monogynae Rosacées

Signes particuliers
Corymbes de fleurs blanches parfumées à la fin du printemps et au début de l'été. Petites feuilles lobées. Feuillage d'automne jaune feu. Cenelles rouge vif en automne.

Entretien Plein soleil ou ombre légère. Maintenir humide, plus sec en hiver. Protéger les racines du gel en hiver. Engrais tous les 15 jours, de la fin du printemps à la fin de l'été. Éclaircissage des fruits pour ne pas fatiguer l'arbre. Rempotage bisannuel au début du printemps.

Problèmes courants
Pucerons et autres insectes suceurs de sève, araignées rouges, piéride du chou, feu bactérien, oïdium.

Crataegus monogyna est un arbre à port arrondi de taille moyenne, originaire d'Europe et d'Asie occidentale. Il porte des branches et des branchettes chargées d'épines, des corymbes de fleurs blanches odorantes et des feuilles aux lobes découpés et produit à profusion des baies rouges et brillantes, ou cenelles, aux vertus médicinales qui font le régal de nombreux oiseaux en hiver. C'est un arbre qui supporte particulièrement bien la taille et les sols pauvres, ce qui en fait le sujet idéal dans une haie. C'est aussi un bonsaï facile à cultiver qui prendra beaucoup de caractère.

Styles et dimensions Tous les styles, sauf droit classique et en balai. Toutes les dimensions.
Taille et ligaturage HIVER Taille de structure et ligaturage. PRINTEMPS Pincement et rabattage des nouvelles pousses à une ou à deux feuilles. ÉTÉ Taille des feuilles, des branchettes et des ramilles pour conserver et parfaire le style. Attention aux tiges épineuses !
Se procurer un plant Par semis en hiver, boutures herbacées en été ou rempotage des plantules spontanées en hiver et au printemps. On peut aussi acheter un jeune plant en pépinière pour le former ou un jeune bonsaï déjà formé.

Ci-contre *Bonsaï semi-mature aux racines qui enserrent la roche.*

érable champêtre

Acer campestre Acéracées

Signes particuliers Feuillage vert vif au printemps, jaune éclatant à l'automne. Écorce décorative brun grisâtre.

Entretien Plein soleil, apprécie l'ombre en été. Maintenir humide, plus sec en hiver. Engrais tous les 15 jours après l'émergence des feuilles jusqu'à la fin de l'été. Rempotage bisannuel au début du printemps.

Problèmes courants Pucerons et autres insectes suceurs de sève, maladie du corail, chancres et dépérissement, oïdium.

Acer campestre est un arbre de taille moyenne au port arrondi, originaire d'Europe et de l'ouest de l'Asie. Il se caractérise par un tronc sinueux, une écorce décorative brun grisâtre et des feuilles trilobées qui prennent une teinte jaune d'or en hiver. Particulièrement tolérante à la taille, à un sol sec et à la pollution, c'est une excellente plante de haie. *Acer campestre* est un bon choix pour la culture en bonsaï, facile à cultiver et séduisant toute l'année.

Styles et dimensions Tous les styles, et plus particulièrement en balai et droit informel. Toutes les dimensions.
Taille et ligaturage HIVER Taille de structure et ligaturage. ÉTÉ Pincement des nouvelles pousses à une ou deux feuilles. Taille des feuilles, des branchettes et des ramilles pour conserver et parfaire le style.
Se procurer un plant Par semis en hiver (à protéger du gel en les plaçant sous un banc ou un arbuste touffu), par boutures herbacées en été ou par marcottage aérien au printemps ou en été. On peut aussi acheter un jeune bonsaï déjà formé chez un fournisseur de bonsaïs.

Ci-contre *Bonsaï semi-mature de style droit informel.*

érable de Hers

Acer grosseri var. *hersii* Acéracées

Signes particuliers Feuillage vert au printemps, longs racèmes de fleurs jaunes suivies de fruits ailés plutôt voyants. Feuillage rouge vif en automne et superbe écorce rayée.

Entretien Plein soleil. Maintenir humide, plus sec en hiver. À protéger pendant les hivers rigoureux. Engrais tous les 15 jours après l'émergence des feuilles jusqu'à la fin de l'été. Rempotage bisannuel au début du printemps.

Problèmes courants Pucerons et autres insectes suceurs de sève, maladie du corail, chancres et dépérissement, oïdium.

Acer grosseri var. *hersii* est un petit arbre au port érigé, à croissance lente originaire du centre de la Chine. Outre ses fleurs jaunes suivies de fruits ailés et ses feuilles prenant une teinte rouge vif en automne, il se distingue par son écorce rayée. Tolérant la taille et un sol sec, *Acer grosseri* var. *hersii* est un arbre qui s'adapte facilement, idéal pour les petits jardins comme pour la conduite en bonsaï, facile à cultiver et séduisant toute l'année.

Styles et dimensions Tous les styles, sauf en balai. Particulièrement adapté en arbre aux racines qui enserrent la roche. Toutes les dimensions.
Taille et ligaturage HIVER Taille de structure et ligaturage. ÉTÉ Pincement des nouvelles pousses à une ou deux feuilles. Taille des feuilles, des branchettes et des ramilles pour conserver et parfaire le style.
Se procurer un plant Par semis en hiver (à protéger du gel en les plaçant sous un banc ou un arbuste touffu), par boutures herbacées en été ou par marcottage aérien au printemps ou en été. On peut aussi acheter un jeune bonsaï déjà formé chez un fournisseur de bonsaïs.

Ci-contre *Bonsaï semi-mature de style droit informel.*

érable palmé

Acer palmatum Acéracées

Signes particuliers Feuillage vert vif au printemps composé de feuilles à cinq ou à sept lobes, fleurs rouges aux anthères jaunes. Flamboyant feuillage d'automne aux tons rouges, jaunes et orangés.

Entretien Apprécie une bonne luminosité mais sera protégé du plein soleil en été. Maintenir humide, plus sec en hiver. À protéger en hiver. Engrais hebdomadaire pendant un mois après l'émergence des feuilles puis tous les 15 jours jusqu'à la fin de l'été. Rempotage bisannuel au début du printemps.

Problèmes courants Pucerons et autres insectes suceurs de sève, maladie du corail, chancres et dépérissement, oïdium en été.

Petit arbre élégant aux nombreux cultivars, il est originaire du Japon, du centre de la Chine et de Corée. Il porte des feuilles molles vert vif offrant de somptueuses couleurs d'automne, une belle répartition de la ramure et des fleurs rouges aux anthères jaunes. Arbre de sous-bois préférant un sol humide et bien drainé à l'abri des vents froids, facile à cultiver, c'est un favori des amateurs de bonsaï.

Styles et dimensions Tous les styles, sauf du lettré. Particulièrement adapté en arbre aux racines qui enserrent la roche. Toutes les dimensions.

Taille et ligaturage HIVER Taille de structure. PRINTEMPS ET ÉTÉ Pincement et rabattage des nouvelles pousses à une ou à deux feuilles. Taille des feuilles, des branchettes et des ramilles pour conserver et parfaire le style. Défoliation possible au milieu de l'été qui pourra être de suite suivie du ligaturage.

Se procurer un plant Par semis en hiver (à protéger du gel en les plaçant sous un banc ou un arbuste touffu), par boutures herbacées en été, par marcottage ou par marcottage aérien au printemps ou en été. On peut aussi acheter un jeune plant en pépinière pour le former ou acheter un jeune bonsaï déjà formé chez un fournisseur de bonsaïs.

Ci-contre *Bonsaï semi-mature de style droit informel.*

érable palmé 'Deshôjô'

Acer palmatum 'Deshôjô' Acéracées

Signes particuliers Feuillage rouge vif au printemps, rouge et orangé en automne. Écorce subtilement texturée.

Entretien Apprécie une grande luminosité mais à protéger du plein soleil. Maintenir humide, plus sec en hiver. À protéger en hiver. Engrais hebdomadaire pendant un mois après l'émergence des feuilles puis tous les 15 jours jusqu'à la fin de l'été. Rempotage bisannuel au début du printemps.

Problèmes courants Pucerons et autres insectes suceurs de sève, maladie du corail, chancres et dépérissement, oïdium en été.

Acer palmatum 'Deshôjô' est un arbuste à port érigé de taille moyenne, originaire du Japon, de l'est de la Chine et de la Corée. Il porte des feuilles finement découpées, d'abord rouge vif puis vertes en été et enfin rouges et orangées en automne. Comme son parent, *Acer palmatum* 'Deshôjô' est une variété de sous-bois qui préfère un sol humide et bien drainé à l'abri des vents froids. Facile à cultiver, c'est un autre favori des amateurs de bonsaï.

Styles et dimensions Tous les styles, sauf en balai. Toutes les dimensions.
Taille et ligaturage HIVER Taille de structure. PRINTEMPS ET ÉTÉ Pincement et rabattage des nouvelles pousses à une ou deux feuilles. Taille des feuilles, des branchettes et des ramilles pour conserver et parfaire le style. Défoliation possible au milieu de l'été qui pourra être immédiatement suivie du ligaturage.
Se procurer un plant Par semis en hiver (à protéger du gel en les plaçant sous un banc ou un arbuste touffu), par boutures herbacées en été, par marcottage ou par marcottage aérien au printemps ou en été. On peut aussi acheter un jeune plant en pépinière pour le former ou acheter un jeune bonsaï déjà formé chez un fournisseur de bonsaïs.

Ci-contre *Bonsaï adulte de style droit informel.*

érable palmé 'Kashima'

Acer palmatum 'Kashima' Acéracées

Signes particuliers Feuilles au ton clair, jaune verdâtre, bordées de rouge au printemps, vertes en été et jaunes en automne. Écorce subtilement texturée.

Entretien Apprécie une grande luminosité mais à protéger du plein soleil. Maintenir humide, plus sec en hiver. À protéger en hiver. Engrais hebdomadaire pendant un mois après l'émergence des feuilles puis tous les 15 jours jusqu'à la fin de l'été. Rempotage bisannuel au début du printemps.

Problèmes courants Pucerons et autres insectes suceurs de sève, maladie du corail, chancres et dépérissement, oïdium en été.

Acer palmatum 'Kashima' est un arbuste nain originaire du Japon, de l'est de la Chine et de la Corée. Il porte des feuilles aux lobes finement découpés et tolère bien la taille. Comme *Acer palmatum*, c'est une variété de sous-bois qui préfère un sol humide et bien drainé à l'abri des vents froids. C'est lui aussi un classique qui se prête facilement à la conduite en bonsaï.

Styles et dimensions Droit informel, penché, balayé par les vents, en semi-cascade, en cascade, à double tronc, aux troncs groupés sur une seule souche et en forêt. Toutes les dimensions.

Taille et ligaturage HIVER Taille de structure. PRINTEMPS ET ÉTÉ Pincement et rabattage des nouvelles pousses à une ou à deux feuilles. Taille des feuilles, des branchettes et des ramilles pour conserver et parfaire le style. Défoliation possible au milieu de l'été qui pourra être immédiatement suivie du ligaturage.

Se procurer un plant Par boutures herbacées en été, par marcottage ou par marcottage aérien au printemps ou en été. On peut aussi acheter un jeune plant en pépinière pour le former ou acheter un jeune bonsaï déjà formé chez un fournisseur de bonsaïs.

Ci-contre *Bonsaï semi-mature conduit en balai, photographié à la fin de l'automne.*

érable palmé 'Kiyohime'

Acer palmatum 'Kiyohime' Acéracées

Signes particuliers Feuillage vert tendre au printemps, aux tons jaune et orangé en automne. Écorce subtilement texturée.

Entretien Apprécie une grande luminosité mais à protéger du plein soleil. Maintenir humide, plus sec en hiver. À protéger en hiver. Engrais hebdomadaire pendant un mois après l'émergence des feuilles puis tous les 15 jours jusqu'à la fin de l'été. Rempotage bisannuel au début du printemps.

Problèmes courants Pucerons et autres insectes suceurs de sève, maladie du corail, chancres et dépérissement, oïdium en été.

Cette toute petite forme *yatsubusa* de l'érable du Japon est originaire du Japon, de l'est de la Chine et de la Corée. Très tôt en feuilles, il arbore des feuilles aux lobes profondément et finement découpés, portées sur des branches horizontales qui rayonnent à partir d'un tronc central. Comme son parent *Acer palmatum*, c'est une variété de sous-bois préférant un sol humide et bien drainé à l'abri des vents froids, qui supporte bien la taille. Facile à cultiver, c'est un classique des bonsaïs.

Styles et dimensions Tous les styles, sauf du lettré. Particulièrement adapté au style en balai. Toutes les dimensions. Superbe en petit bonsaï.
Taille et ligaturage HIVER Taille de structure. PRINTEMPS ET ÉTÉ Pincement et rabattage des nouvelles pousses à une ou à deux feuilles. Taille des feuilles, des branchettes et des ramilles pour conserver et parfaire le style. Défoliation possible au milieu de l'été qui pourra être immédiatement suivie du ligaturage.
Se procurer un plant Par boutures herbacées en été, par marcottage ou par marcottage aérien au printemps ou en été. On peut aussi acheter un jeune plant en pépinière pour le former ou acheter un jeune bonsaï déjà formé.

Ci-contre *Jeune bonsaï conduit en balai.*

érable palmé 'Seigen'

Acer palmatum 'Seigen' Acéracées

Signes particuliers Feuillage brillant aux tons rouges ou rosés au printemps, rouges et orangés en automne. Écorce subtilement texturée.

Entretien Apprécie une grande luminosité mais à protéger du plein soleil. Maintenir humide, plus sec en hiver. À protéger en hiver. Engrais hebdomadaire pendant un mois après l'émergence des feuilles puis tous les 15 jours jusqu'à la fin de l'été. Rempotage bisannuel au début du printemps.

Problèmes courants Pucerons et autres insectes suceurs de sève, maladie du corail, chancres et dépérissement, oïdium en été.

Originaire du Japon, de l'est de la Chine et de Corée, ce petit arbre ou arbuste à port érigé affiche au printemps un feuillage brillant rouge ou rosé. Comme l'érable palmé, c'est une variété de sous-bois préférant un sol humide et bien drainé à l'abri des vents froids, qui supporte bien la taille. Facile à cultiver, c'est un classique des bonsaïs, offrant ses qualités ornementales toute l'année.

Styles et dimensions Tous les styles, sauf du lettré. Toutes les dimensions.

Taille et ligaturage HIVER Taille de structure. PRINTEMPS ET ÉTÉ Pincement et rabattage des nouvelles pousses à une ou à deux feuilles. Taille des feuilles, branchettes et ramilles pour conserver et parfaire le style. Défoliation possible au milieu de l'été qui pourra être immédiatement suivie du ligaturage.

Se procurer un plant Par boutures herbacées en été, par marcottage ou par marcottage aérien au printemps ou en été. On peut aussi acheter un jeune plant en pépinière pour le former ou acheter un jeune bonsaï déjà formé chez un fournisseur de bonsaïs.

Ci-contre *Bonsaï semi-mature dans le style droit informel.*

érable palmé 'Ukon'

Acer palmatum 'Ukon' Acéracée

Signes particuliers Feuillage caractéristique couleur citron vert virant au rouge et à l'orangé en automne. Branches et branchettes décoratives couleur citron vert.

Entretien Apprécie une grande luminosité mais à protéger du plein soleil. Maintenir humide, plus sec en hiver. À protéger en hiver. Engrais hebdomadaire pendant un mois après l'émergence des feuilles puis tous les 15 jours, jusqu'à la fin de l'été. Rempotage bisannuel au début du printemps.

Problèmes courants Pucerons et autres insectes suceurs de sève, maladie du corail, chancres et dépérissement, oïdium en été.

Acer palmatum 'Ukon' est un petit arbre originaire du Japon, de l'est de la Chine et de Corée qui se distingue par ses feuilles et ses branchettes couleur citron vert. 'Ukon' est une variété de sous-bois préférant un sol humide et bien drainé à l'abri des vents froids, qui supporte bien la taille. Facile à cultiver, c'est un classique des bonsaïs, séduisant toute l'année.

Styles et dimensions Tous les styles, sauf du lettré. Toutes les dimensions.

Taille et ligaturage HIVER Taille de structure. PRINTEMPS ET ÉTÉ Pincement et rabattage des nouvelles pousses à une ou à deux feuilles. Taille des feuilles, des branchettes et des ramilles pour conserver et parfaire le style. Défoliation possible au milieu de l'été qui pourra être immédiatement suivie du ligaturage.

Se procurer un plant Par boutures herbacées en été, par marcottage ou par marcottage aérien au printemps ou en été. On peut aussi acheter un jeune plant en pépinière pour le former ou acheter un jeune bonsaï déjà formé chez un fournisseur de bonsaïs.

Ci-contre *Jeune bonsaï conduit dans le style droit informel.*

frêne commun

Fraxinus excelsior Oléacées

Signes particuliers
Bourgeons noirs bien visibles, groupés par paire. Feuilles molles, jaunes en automne. Fleurs pourpres au printemps. Écorce décorative brun grisâtre.

Entretien Plein soleil ou ombre légère. Maintenir humide, surtout quand les journées sont chaudes, plus sec en hiver. Protéger les racines du gel et le nouveau feuillage des dernières gelées en choisissant un site abrité. Engrais tous les 15 jours, de la fin du printemps à la fin de l'été. Rempotage bisannuel au printemps.

Problèmes courants
Pucerons et autres insectes suceurs de sève, maladie du corail, chancres et dépérissement, oïdium. La plante est sensible à une mauvaise protection contre le gel.

Cet arbre magnifique de port érigé, originaire d'Europe et du Caucase, arbore un tronc droit.
Ses bourgeons noirs s'ouvrent sur de petites fleurs au ton pourpre et des feuilles plumeuses composées de nombreuses folioles, suivies de grosses grappes de samares. Il supporte très bien la taille et les sols pauvres et humides. Il est original pour la conduite en bonsaï. Espacer les branches pour laisser les grandes feuilles se développer, lesquelles ressembleront à de petites branches.

Styles et dimensions Tous les styles et plus particulièrement en balai et droit classique. De moyenne à grande dimension.
Taille et ligaturage DÉBUT DE PRINTEMPS Suppression des bourgeons foliaires sur les branches où l'on veut voir émerger des branches latérales. FIN DE PRINTEMPS ET DÉBUT D'ÉTÉ Taille de structure (cicatrisation plus rapide à cette période). ÉTÉ Rabattage des nouvelles pousses à une ou à deux feuilles.
Se procurer un plant Par semis au printemps, boutures herbacées en été ou par rempotage des plantules spontanées en hiver et au début du printemps.
On peut aussi acheter un jeune bonsaï déjà formé.

Ci-contre *Jeune bonsaï conduit dans le style aux racines qui enserrent la roche.*

grenadier

Punica granatum Punicacées

Signes particuliers Feuilles lustrées vert foncé. Feuillage juvénile cuivré au printemps virant au jaune en automne. Fleurs en entonnoirs écarlate et orange en été. Fruits coriaces rouges contenant une pulpe et des graines noires comestibles.

Entretien Plein soleil. Température minimale de 15 °C. Protection hivernale (jardin d'hiver) sous les climats tempérés. Maintenir humide, plus sec en hiver mais arroser généreusement après la floraison pour encourager le développement des fruits. Engrais hebdomadaire de la fin du printemps jusqu'à la floraison, puis tous les 15 jours jusqu'au début de l'automne. Rempotage bisannuel à la fin du printemps.

Problèmes courants Pucerons et autres insectes suceurs de sève, araignées rouges, cochenilles et gale.

Originaire de l'ouest de l'Asie, *Punica granatum* est naturalisé dans tout le Bassin méditerranéen. Il porte des feuilles ovales et des fleurs en entonnoir en été, suivies de fruits sphériques rouges et coriaces. Ces fruits qui ont besoin d'un été long et chaud pour mûrir sont rarement produits dans les régions tempérées. On pourra cultiver *Punica granatum* en bonsaï d'intérieur ou d'extérieur, mais il faudra lui offrir une protection optimale en hiver sous les climats de l'hémisphère Nord.

Styles et dimensions Tous les styles, sauf droit classique et en balai. Toutes les dimensions mais on travaillera à partir de formes naines pour de tous petits bonsaïs.

Taille et ligaturage HIVER Taille de structure. PRINTEMPS ET ÉTÉ Taille des nouvelles pousses à une ou deux paires de feuilles. ÉTÉ ET DÉBUT D'AUTOMNE Éclaircissage des pousses enchevêtrées pour conserver le style.

Se procurer un plant Par boutures herbacées en été. On peut aussi acheter un jeune plant en pépinière pour le former ou acheter un jeune bonsaï déjà formé chez un fournisseur de bonsaïs.

Ci-contre *Bonsaï adulte dans le style balayé par les vents.*

hêtre pourpre 'Purpurea'

Fagus sylvatica Fagacées

Signes particuliers Écorce lisse et grise. Nouveau feuillage pourpre soutenu. Feuillage d'automne aux tons de feu orangés et cuivrés. Faines. L'arbre garde ses feuilles en hiver.

Entretien Plein soleil. Ombre légère en été. Maintenir humide, plus sec en hiver. Protéger les racines en hiver. Aucun apport d'engrais pendant un mois après l'émergence des feuilles, puis engrais tous les 15 jours jusqu'à la fin de l'été. Rempotage bisannuel au début du printemps.

Problèmes courants Pucerons lanigères du hêtre sécrétant un duvet blanc, autres pucerons et insectes suceurs de sève, oïdium.

C'est un grand arbre élégant, au port étalé et arrondi, originaire d'Europe. Il présente une écorce grise, des feuilles ovales et pointues de couleur pourpre et des petits fruits comestibles groupés. Souvent associé à *Fagus sylvatica*, le hêtre commun, dans les forêts et les plantations en nombre, on l'utilise aussi en sujet isolé ou dans une haie. Sa silhouette élégante et imposante conjuguée à la couleur de ses feuilles font de *Fagus sylvatica* 'Purpurea' ('Riversii') un joli bonsaï.

Styles et dimensions Droit classique et informel, penché, balayé par les vents, au tronc écorcé, à double et à triple tronc et en forêt, mais a plus belle allure en sujet isolé. De moyenne à grande dimension.
Taille et ligaturage FIN D'HIVER ET DÉBUT DE PRINTEMPS Taille de structure et ligaturage PRINTEMPS ET ÉTÉ Pincement et rabattage des nouvelles pousses à une ou à deux feuilles. Taille des feuilles, branchettes et ramilles pour garder et parfaire le style. Retrait des grandes feuilles, pas de défoliation drastique.
Se procurer un plant Par semis en hiver, boutures herbacées en été ou rempotage des plantules spontanées en hiver et au printemps. On peut acheter un jeune plant en pépinière pour le former ou un jeune bonsaï déjà formé.

Ci-contre *Bonsaï semi-mature de style droit informel.*

marronnier commun

Aesculus hippocastanum Hippocastanacées

Signes particuliers Écorce brun grisâtre. Panicules dressées de fleurs blanches ou roses. Feuillage d'automne aux tons flamboyants de jaune et d'orangé. Fruits épineux contenant le marron : une graine brillante et brune.

Entretien Plein soleil. Apprécie une ombre légère en été. Maintenir humide, en arrosant généreusement si la plante est exposée au vent. Protection des racines en hiver. Engrais tous les 15 jours du printemps à la fin de l'été. Rempotage bisannuel au début du printemps.

Problèmes courants Pucerons et autres insectes suceurs de sève, maladie du corail, chancres et dépérissement, oïdium en été.

Aesculus hippocastanum est un grand arbre, élégant, étalé et arrondi, originaire de Grèce et d'Albanie.
Il se caractérise par une écorce décorative, de grandes feuilles divisées en cinq folioles nervurées, de grandes panicules érigées de feuilles blanches ou roses et des fruits épineux. Souvent cultivée comme arbre de rue, c'est une plante rustique et fiable qui sait s'adapter. On la choisit rarement pour la conduite en bonsaï car ses grandes feuilles se prêtent mal à la miniaturisation.

Styles et dimensions Droit informel, penché, balayé par les vents, au tronc écorcé, à double et à triple tronc et en forêt. De moyennes à grandes dimensions.
Taille et ligaturage FIN DE L'HIVER ET DÉBUT DE PRINTEMPS Taille de structure et ligaturage. ÉTÉ Pincement des nouvelles pousses à une ou à deux feuilles. Taille des feuilles, des branchettes et des ramilles pour conserver et parfaire le style. Défoliation possible au milieu de l'été.
Se procurer un plant Par semis à la fin de l'automne, prélèvement de boutures herbacées en été ou par rempotage des plantules spontanées à la fin de l'hiver et au début du printemps. On peut acheter un jeune bonsaï déjà formé.

Ci-contre *Jeune bonsaï conduit dans le style, au tronc partiellement tourmenté.*

noisetier commun

Corylus avellana Bétulacées

Signes particuliers Longs chatons jaunes qui attirent le regard, au printemps. Feuilles molles et arrondies au printemps. Écorce lisse brun grisâtre et fruits comestibles.

Entretien Plein soleil ou ombre partielle. Mettre la plante à l'abri du vent toute l'année. Maintenir humide, plus sec en hiver. À protéger du gel en hiver. Engrais tous les 15 jours, de la fin du printemps à la fin de l'été. Rempotage bisannuel au début du printemps.

Problèmes courants Pucerons et autres insectes suceurs de sève, araignées rouges, phytoptes, oïdium.

Corylus avellana est un petit arbre buissonnant qui pousse dans les forêts et les haies d'Europe et d'Asie occidentale. Il a une écorce lisse brun grisâtre, de jeunes pousses tendres et pubescentes, des feuilles molles et arrondies, des chatons jaunes au printemps et une profusion de fruits comestibles en automne. Naturellement « multigaule », c'est-à-dire composé de plusieurs troncs fins partant de la base, on le cultive pour le bois de construction. Résistant et souple, facile à former, avec une bonne réaction à la taille, il donne de bons résultats en bonsaï.

Styles et dimensions Tous les styles, sauf en balai. Particulièrement adapté aux forêts et aux troncs groupés sur une seule souche. Toutes les dimensions.
Taille et ligaturage HIVER Taille de structure et ligaturage. FIN DE PRINTEMPS ET ÉTÉ Rabattage des nouvelles pousses pour conserver le style, puis rabattage de la remontée. Défoliation avant le milieu de l'été si nécessaire.
Se procurer un plant Par semis en hiver, rempotage des plantules spontanées en hiver et au printemps ou boutures herbacées en été. On peut aussi acheter un jeune plant en pépinière pour le former.

Ci-contre *Jeune bonsaï conduit dans le style à triple tronc.*

orme de Chine

Ulmus parvifolia Ulmacées

Signes particuliers Petites feuilles coriaces ovales et dentelées, vert lustré. Ramure fine et élégante. Racines épaisses.

Entretien Plein soleil. Maintenir humide, plus sec en hiver. Protection hivernale dans un jardin d'hiver ou un appentis. Engrais hebdomadaire pendant un mois après l'émergence des feuilles puis tous les 15 jours jusqu'à la fin de l'été. Rempotage bisannuel au début du printemps. En bonsaï d'intérieur, il lui faut une situation lumineuse sans le plein soleil, une température minimale de 7 °C, une vaporisation régulière et un engrais tous les 15 jours, de la fin du printemps au milieu de l'automne, puis mensuel en hiver.

Problèmes courants Pucerons et autres insectes suceurs de sève, araignées rouges, taches noires, oïdium en été.

C'est un arbre élégant, de taille moyenne, originaire de Chine, du Japon, de Taïwan et de Corée. Il porte de petites feuilles ovales dentelées coriaces qui refusent de tomber en hiver, ce qui en fait une espèce persistante sous des climats chauds. Sa ramure fine et délicate en fait un sujet idéal à conduire en bonsaï, lequel produira des racines épaisses et des petites fleurs insignifiantes en automne. C'est un favori des amateurs à cultiver en bonsaï d'intérieur ou d'extérieur.

Styles et dimensions Tous les styles, et plus particulièrement aux racines qui enserrent la roche et aux racines exposées. Toutes les dimensions.

Taille et ligaturage FIN DE L'HIVER Taille de structure. PRINTEMPS ET ÉTÉ Pincement et rabattage des nouvelles pousses à une ou deux feuilles. Taille des feuilles, des branchettes et des ramilles pour conserver et parfaire le style.

Se procurer un plant Par boutures herbacées ou ligneuses en été ou boutures de racines en hiver. On peut aussi acheter un jeune bonsaï déjà formé.

Ci-contre *Bonsaï semi-mature de style droit informel.*

orme du Caucase

Zelkova carpinifolia Ulmacées

Signes particuliers Tronc court à l'écorce lisse et grise. Répartition des branches en éventail caractéristique. Superbe feuillage d'automne jaune feu.

Entretien Plein soleil, ombre légère en été. Maintenir humide, plus sec en hiver. À protéger en hiver. Engrais hebdomadaire pendant un mois après l'émergence des feuilles, puis tous les 15 jours jusqu'à la fin de l'été. Rempotage bisannuel au début du printemps.

Problèmes courants La maladie hollandaise de l'orme affecte rarement les bonsaïs, leur écorce n'étant pas assez épaisse. Les pucerons rendent parfois les feuilles poisseuses en été. Araignées rouges. Oïdium en été.

Originaire des forêts mixtes du Caucase et de l'Iran, *Zelkova carpinifolia* est un arbre large à croissance lente de grande longévité. Il porte un tronc court à l'écorce grise et lisse, de nombreuses branches rayonnant en éventail et des feuilles ovales grossièrement dentelées. Les vieux sujets sont sensibles à la maladie hollandaise de l'orme. *Zelkova carpinifolia* est une espèce appréciée en bonsaï, facile à cultiver, au port caractéristique, offrant un spectacle séduisant toute l'année.

Styles et dimensions Tous les styles, sauf du lettré. Très adapté aux styles en balai et en forêt. Toutes les dimensions.

Taille et ligaturage FIN DE L'HIVER Taille de structure. PRINTEMPS ET ÉTÉ Pincement et rabattage des nouvelles pousses à une ou à deux feuilles. Taille des feuilles, branchettes et ramilles pour garder et parfaire le style. Défoliation possible en milieu d'été sur un arbre établi.

Se procurer un plant Par semis en fin d'hiver/début de printemps, boutures herbacées au début de l'été ou ligneuses en fin d'été ou par marcottage aérien en été. On peut aussi acheter un jeune bonsaï déjà formé.

Ci-contre *Jeune bonsaï conduit dans le style à triple tronc.*

orme du Japon

Zelkova serrata Ulmacées

Signes particuliers Petites feuilles vertes effilées, finement dentelées qui virent au jaune et à l'orange en automne. Ramure fine et délicate caractéristique. Écorce lisse et grise.

Entretien Plein soleil, ombre légère en été. Maintenir humide, plus sec en hiver. À protéger en hiver. Engrais hebdomadaire pendant un mois après l'émergence des feuilles puis tous les 15 jours jusqu'à la fin de l'été. Rempotage au début du printemps, annuel pour les jeunes sujets, puis bisannuel.

Problèmes courants La maladie hollandaise de l'orme affecte rarement les bonsaïs, leur écorce n'étant pas assez épaisse. Les pucerons rendent parfois les feuilles poisseuses en été. Araignées rouges. Oïdium en été.

Cet arbre de taille moyenne, au port étalé et à la cime arrondie, est originaire de Chine, du Japon, de Taïwan et de Corée. Ses branches érigées, produites sur un large tronc, forment une ramure délicate et élégante idéale pour une conduite en balai. *Zelkova serrata* est une plante de sous-bois qui préfère un sol humide et bien drainé, à l'abri des vents froids. Il est très apprécié en bonsaï pour sa forme caractéristique et sa fine ramure qui offrent un spectacle très attrayant en hiver.

Styles et dimensions Tous les styles surtout en balai, en forêt et à troncs multiples. Toutes les dimensions.
Taille et ligaturage FIN DE L'HIVER Taille de structure. PRINTEMPS ET ÉTÉ Pincement et rabattage des nouvelles pousses à une ou à deux feuilles. Taille des feuilles, branchettes et ramilles pour conserver et parfaire le style. Défoliation possible en milieu d'été sur un arbre établi.
Se procurer un plant Par semis à la fin de l'hiver et au début du printemps, boutures herbacées au début de l'été ou ligneuses à la fin de l'été, ou par marcottage aérien en été. On peut aussi acheter un jeune bonsaï déjà formé.

Ci-contre *Bonsaï adulte de style droit informel.*

pommier sauvage

Malus sylvestris Rosacées

Signes particuliers Jolies fleurs à cinq pétales, blanches teintées de rose qui s'épanouissent au printemps. Grappes de petits fruits jaunes ou rouges en automne. Écorce décorative lisse et grise.

Entretien Plein soleil. Arrosage généreux surtout quand la plante donne ses fruits. Maintenir plus sec en hiver mais toujours humide. Protéger les arbres en pot du gel. Engrais hebdomadaire dès le printemps jusqu'à la floraison puis cesser l'apport d'engrais jusqu'à la formation des fruits. Puis reprise de la fertilisation avec un apport d'engrais tous les 15 jours jusqu'au milieu de l'automne. Rempotage bisannuel au début du printemps.

Problèmes courants Pucerons et autres insectes suceurs de sève, gale, chancre et dépérissement, feu bactérien, oïdium.

Malus sylvestris est un petit arbre à la cime arrondie et au tronc court, originaire des forêts d'Europe. Il présente une écorce lisse et grise qui s'effrite avec l'âge, des feuilles ovales et pointues, des fleurs à cinq pétales et des grappes de petits fruits rouges et jaunes. Facile à cultiver, supportant la taille et attrayant toute l'année, il donne de bons résultats en bonsaï.

Styles et dimensions Tous les styles, sauf droit classique. Toutes les dimensions. Pour les plus petits, choisissez une variété aux fruits particulièrement discrets.

Taille et ligaturage FIN DE L'HIVER Taille de structure. PRINTEMPS ET ÉTÉ Pincement et rabattage des nouvelles pousses à une ou à deux feuilles. AUTOMNE Raccourcir les pousses trop longues pour maintenir le style.

Se procurer un plant Par semis en automne, par greffage pour certaines variétés au début du printemps, et par marcottage ou marcottage aérien au printemps.

Ci-contre *Bonsaï semi-mature de style droit informel portant des fruits.*

prunellier

Prunus spinosa Rosacées

Signes particuliers Profusion de petites fleurs blanches à la fin du printemps. Tiges épineuses. Fruits noirs comestibles (prunelles) en automne.

Entretien Plein soleil. Maintenir humide, plus sec en hiver et augmenter l'arrosage quand les bourgeons commencent à gonfler. Protéger du gel en hiver. Engrais tous les 15 jours au printemps, deux semaines après le rempotage jusqu'à la fin de l'été. Rempotage annuel après la floraison.

Problèmes courants En principe aucun mais peut être attaqué par les pucerons et autres insectes suceurs de sève, les araignées rouges, et l'oïdium en été.

C'est un petit arbre ou grand arbuste originaire d'Europe, d'Afrique du Nord et de l'ouest de l'Asie. Il a des branches épineuses de couleur sombre, une profusion de minuscules fleurs blanches en été et de petits fruits noirs, appelés prunelles, en automne. On le cultive souvent pour former une haie impénétrable et pour ses prunelles, utilisées en conserve pour la fabrication de liqueur et pour aromatiser le gin. Rarement utilisé, il donne pourtant de bons résultats en bonsaï grâce à ses fines branchettes et à son feuillage fin et délicat. Il est aussi facile à cultiver et supporte bien la taille.

Styles et dimensions Tous les styles, sauf en balai et droit classique. Toutes les dimensions.
Taille et ligaturage PRINTEMPS Taille de structure après la floraison. ÉTÉ Laissez croître des pousses vigoureuses. AUTOMNE Raccourcissez les pousses trop longues et retaillez légèrement. Attention aux tiges épineuses pendant la taille.
Se procurer un plant Par boutures ligneuses en hiver, marcottage en été ou à partir de drageons provenant d'une haie en hiver. On peut aussi acheter un jeune plant en pépinière pour le former.

Ci-contre *Bonsaï adulte de style droit informel.*

saule Marsault

Salix caprea Salicacées

Signes particuliers Joli feuillage gris. Chatons mâles jaunes et chatons femelles argentés et touffus. Feuillage jaune en automne.

Entretien Plein soleil. Ombre légère en été. Maintenir humide, plus sec en hiver. Laisser dans un plateau avec un fond d'eau en été. Protéger du gel en hiver. Engrais tous les 15 jours, du printemps à la fin de l'été. Rempotage annuel au début du printemps.

Problèmes courants Les saules sont sensibles à toutes sortes de ravageurs et de maladies, notamment aux champignons comme l'oïdium.

C'est un petit arbre ou un grand arbuste originaire d'Europe et de l'ouest de l'Asie. Célèbre pour ses magnifiques chatons mâles jaunes et ses chatons femelles argentés et touffus portés sur des pieds différents au printemps, *Salix caprea* produit des branchettes vigoureuses et des feuilles arrondies. Bien qu'il soit très facile à cultiver, il est rarement exploité en bonsaï, car il demande beaucoup d'eau et sa croissance rapide exige une taille sévère régulière si on veut lui conserver son style.

Styles et dimensions Tous les styles, sauf droit classique, en balai et du lettré. De moyenne à très grande dimension.
Taille et ligaturage FIN DE L'HIVER Taille de structure. Rabattage du bois de l'année précédente à un ou deux yeux. ÉTÉ Pincement et rabattage des nouvelles pousses à une ou deux feuilles. Taille des feuilles, des branchettes et des ramilles pour conserver et parfaire le style.
Se procurer un plant Par boutures herbacées ou ligneuses toute l'année, les saules racinent très facilement.

Ci-contre *Bonsaï semi-mature dans le style de l'arbre planté sur la roche.*

sorbier des oiseleurs

Sorbus aucuparia Rosacées

Signes particuliers Feuillage vert vif, corymbes de fleurs blanc crème au printemps. Grosses grappes de fruits rouges comestibles et feuillage d'automne aux tons flamboyant de rouge et de jaune. Écorce décorative brun grisâtre.

Entretien Plein soleil. Maintenir humide, plus sec en hiver. Engrais tous les 15 jours, du printemps au début de l'automne. Rempotage bisannuel au début du printemps.

Problèmes courants
En principe aucun, mais peut être attaqué par les pucerons et autres insectes suceurs de sève, la rouille du sorbier et l'oïdium.

C'est un arbre élégant et élancé, de petite ou de moyenne envergure, au port érigé, originaire des hauts plateaux d'Europe dont la terre est souvent acide. Il affiche une écorce décorative, de jolies feuilles pennées et des corymbes de fleurs blanc crème suivis de baies rouges comestibles portées en grappe. Si sa tolérance à la pollution atmosphérique en fait un bon arbre de rue et de jardin, *Sorbus aucuparia* donne aussi de bons résultats en bonsaï, ses feuilles pennées évoquant des branches, ce qui lui donne de parfaites proportions pour une échelle réduite.

Styles et dimensions Tous les styles, sauf en balai et droit classique. Toutes les dimensions.
Taille et ligaturage PRINTEMPS Taille de structure. ÉTÉ Pincement et rabattage des nouvelles pousses à une ou à deux feuilles. Taille des feuilles, des branchettes et des ramilles pour conserver et parfaire le style.
Se procurer un plant Par rempotage des plantules spontanées en hiver et au début du printemps, boutures herbacées en été ou par greffage des variétés au nom déposé en hiver. On peut aussi acheter un jeune plant en pépinière pour le former.

Ci-contre *Bonsaï semi-mature de style droit informel.*

tilleul des bois

Tilia cordata Tiliacées

Signes particuliers Feuilles cordiformes vert vif virant au jaune en automne. Écorce décorative lisse et grise. Fleurs ivoire délicatement parfumées en été qui endorment les abeilles.

Entretien Plein soleil, ombre partielle en été. Maintenir humide, plus sec en hiver. Protéger du gel en hiver. Engrais tous les 15 jours, du printemps à la fin de l'été. Ôter toutes les feuilles en début d'hiver. Rempotage bisannuel au printemps.

Problèmes courants
Les abeilles qui tombent sur l'arbre pendant sa floraison en été, les pucerons développant un miellat poisseux, les autres insectes suceurs de sève, les taches foliaires et l'oïdium.

Tilia cordata est un grand arbre imposant d'une grande longévité, originaire des forêts mixtes d'Europe. Il se distingue par des branches courbées vers le sol, une écorce lisse et grise, des feuilles cordiformes et des fleurs au ton ivoire, parfumées en été. Peu cultivé en bonsaï, c'est pourtant une espèce robuste, qui vit des années, sans parler de son tronc large et de son port qui donnent au bonsaï une impression de vieillesse et de maturité.

Styles et dimensions Tous les styles. De moyenne à très grande dimension.
Taille et ligaturage DÉBUT DE PRINTEMPS Taille de structure. ÉTÉ Pincement et rabattage des nouvelles pousses à une ou à deux feuilles. Taille des feuilles, des branchettes et des ramilles pour conserver et parfaire le style.
Se procurer un plant Par rempotage des plantules spontanées en hiver et au début du printemps ou par boutures herbacées en été. On peut aussi acheter un jeune bonsaï déjà formé chez un fournisseur de bonsaïs.

Ci-contre *Bonsaï semi-mature de style droit informel.*

arbustes persistants

arbre de jade

Portulacaria afra Portulacacées

Signes particuliers Toutes petites feuilles gris-vert, fleurs roses à la fin du printemps et au début de l'été, couleur et texture de l'écorce intéressantes.

Entretien Apprécie une situation lumineuse en intérieur, en plein soleil. Température minimale de 10 °C. Arrosage modéré en été, mensuel en hiver. Engrais mensuel, du printemps à l'automne. Rempotage bisannuel au printemps. Ne pas arroser pendant les deux semaines suivantes car cet arbre n'aime pas être dérangé.

Problèmes courants Pucerons lanigères, cochenilles et autres insectes suceurs de sève.

Portulacaria afra est un petit arbuste au feuillage persistant et succulent, originaire d'Afrique du Sud. Il se distingue par des touffes de petites feuilles gris-vert, un tronc lisse et pâle et de minuscules fleurs roses quand le temps est assez chaud. D'origine tropicale, *Portulacaria afra* est un arbuste facile à conduire en bonsaï d'intérieur, la petite taille de ses feuilles et son port naturel donnant l'impression qu'il fait partie d'un paysage beaucoup plus grand.

Styles et dimensions Droit informel, penché, à double et à triple tronc, en forêt. De toute petite à moyenne dimension.

Taille et ligaturage FIN DE PRINTEMPS Pincement des nouvelles pousses. Suppression régulière des feuilles mortes ou abîmées. ÉTÉ ET AUTOMNE Éclaircissage des branches pour mettre en valeur la silhouette de l'arbre et suppression des feuilles en excès sur le tronc et les branches inférieures.

Se procurer un plant Par boutures herbacées tout l'été.

Ci-contre *Bonsaï semi-mature dans le style droit informel.*

buis commun

Buxus sempervirens Buxacées

Signes particuliers Feuillage dense vert foncé. Écorce intéressante par sa texture noueuse.

Entretien Préfère le plein soleil mais tolère une ombre partielle. Maintenir humide même en hiver. Protéger du gel et des vents froids. Engrais tous les 15 jours, du printemps à l'automne. Rempotage tous les deux ou trois ans à la fin du printemps.

Problèmes courants Aleurodes, pucerons et autres insectes suceurs de sève.

Buxus sempervirens est un grand arbuste ou petit arbre persistant, originaire d'Europe et d'Asie occidentale. Il se caractérise par ses touffes de petites feuilles persistantes, vert foncé, et son port dense. Sa capacité à se remettre d'une taille sévère en fait l'arbuste idéal, *Buxus sempervirens* se prêtant à toutes les formes et à l'art topiaire. Facile à cultiver en bonsaï, c'est une plante rustique et vigoureuse.

Styles et dimensions Tous les styles, sauf droit classique et au tronc écorcé. Toutes les dimensions.
Taille et ligaturage FIN DE PRINTEMPS Taille de structure, suppression du bois mort ou endommagé. Éclaircissage de la ramure pour éviter une silhouette en topiaire. ÉTÉ ET DÉBUT D'AUTOMNE Rabattage incessant des nouvelles pousses pour conserver la forme souhaitée.
Se procurer un plant Par boutures herbacées à la fin du printemps, ligneuses au début de l'automne, ou par marcottage en été. On peut aussi acheter un jeune plant en pépinière pour le former ou acheter un jeune bonsaï déjà formé chez un fournisseur de bonsaïs.

Ci-contre *Bonsaï adulte de style droit informel.*

buisson ardent

Pyracantha coccinea Rosacées

Signes particuliers Feuillage vert foncé, branches épineuses, fleurs blanches odorantes en été et baies rouge écarlate.

Entretien Plein soleil ou ombre partielle. Maintenir humide, même en hiver. Protéger du gel et des vents glacials. Engrais hebdomadaire, du début du printemps jusqu'à la floraison, puis tous les 15 jours jusqu'à l'automne. Rempotage bisannuel au printemps.

Problèmes courants Aleurodes, pucerons et autres insectes suceurs de sève. Feu bactérien. Maladie du corail.

Pyracantha coccinea est un grand arbuste persistant originaire du sud de l'Europe et de l'ouest de l'Asie. Il porte des touffes de petites feuilles vert foncé, dentelées et une abondance de fleurs blanches odorantes en été, suivies de baies rouge écarlate, bien visibles, groupées en corymbes denses le long des branches. C'est une plante vigoureuse très épineuse qui produit chaque année de longues pousses et de longues épines acérées. Facile à cultiver, elle tolère bien la taille et se plie à la conduite en bonsaï.

Styles et dimensions Tous les styles, sauf droit formel, en balai, au tronc écorcé et du lettré. Toutes les dimensions, sauf les très grandes.

Taille et ligaturage FIN DE PRINTEMPS Taille de structure et ligaturage. Raccourcir les nouvelles pousses. FIN D'ÉTÉ ET AUTOMNE Rabattage des nouvelles pousses pour conserver la forme souhaitée. Attention aux épines acérées durant la taille.

Se procurer un plant Par semis en automne/hiver, boutures herbacées en été ou par marcottage ou marcottage aérien au printemps et au début de l'été. On peut aussi acheter un jeune plant en pépinière pour le former.

Ci-contre *Jeune bonsaï formé dans le style droit informel.*

buisson ardent 'Mohave Silver'

Pyracantha 'Mohave Silver' Rosacées

Signes particuliers Feuilles finement dentelées vert-gris marginées de blanc, fleurs blanches parfumées en été, et baies rouge vif très voyantes.

Entretien Plein soleil ou ombre partielle. Maintenir humide, même en hiver. À rentrer dans une serre froide en hiver. Engrais hebdomadaire du début du printemps jusqu'à la floraison, puis tous les 15 jours jusqu'à l'automne. Rempotage bisannuel au printemps.

Problèmes courants Aleurodes, pucerons et autres insectes suceurs de sève. Feu bactérien. Maladie du corail.

Pyracantha 'Mohave Silver' est un cultivar moderne provenant des États-Unis. C'est un arbuste de grande taille à taille moyenne, portant des touffes de petites feuilles finement dentelées et une profusion de fleurs blanches suivies de baies rouge vif. 'Mohave Silver' est une plante vigoureuse et épineuse qui produit chaque année de longues pousses et de longues épines acérées. Moins rustique que ses parents, elle se prête néanmoins facilement à la culture en bonsaï.

Styles et dimensions Droit informel, penché, en semi-cascade, en cascade, aux racines qui enserrent la roche, planté sur la roche, à double et à triple tronc et en forêt. Toutes les dimensions, sauf les très grandes.
Taille et ligaturage FIN DE PRINTEMPS Taille de structure et ligaturage. Raccourcir les nouvelles pousses. FIN D'ÉTÉ ET AUTOMNE Rabattage des nouvelles pousses pour conserver la forme souhaitée. Attention aux épines acérées pendant la taille.
Se procurer un plant Par semis en automne/hiver, boutures herbacées en été ou par marcottage ou marcottage aérien au printemps et au début de l'été. On peut aussi acheter un jeune plant en pépinière pour le former.

Ci-contre *Bonsaï semi-mature dans le style droit informel.*

Carmona microphylla

Boraginacées

Signes particuliers Feuillage dense vert foncé, couleur du tronc intéressante, de même que la texture lisse de l'écorce.

Entretien Préfère une situation lumineuse en intérieur mais le plein soleil une heure par jour seulement. Température minimale de 15 °C. Maintenir humide, même en hiver. Vaporiser les feuilles de temps en temps. Engrais tous les 15 jours, du printemps à l'automne, mensuel en hiver. Rempotage annuel à la fin du printemps.

Problèmes courants Pucerons et autres insectes suceurs de sève, araignées rouges, cochenilles, brûlure du soleil en été (s'il est placé trop près d'une fenêtre).

Carmona microphylla (syn. *Ehretia buxifolia*) est un grand arbuste ou petit arbre persistant, originaire du sud de la Chine et du Sud-Est asiatique. Il porte des touffes de petites feuilles lustrées persistantes, vert foncé ; un tronc lisse et pâle, et de petites fleurs blanches tout au long de l'année quand il fait suffisamment chaud. D'origine tropicale, *Carmona microphylla* est une plante facile à cultiver en bonsaï d'intérieur : la petite taille de ses feuilles contribue à donner l'impression d'un arbre qui fait partie d'un paysage plus grand.

Styles et dimensions Tous les styles, sauf en cascade, au tronc écorcé et aux racines exposées. Toutes les dimensions.
Taille et ligaturage FIN DE PRINTEMPS Taille de structure, suppression du bois mort ou endommagé. ÉTÉ ET DÉBUT D'AUTOMNE Rabattage incessant des pousses pour conserver la forme souhaitée.
Se procurer un plant Par boutures herbacées en été et par semis quand les graines sont à maturité. On peut aussi acheter un jeune bonsaï déjà formé.

Ci-contre *Bonsaï semi-mature de style droit informel.*

chèvrefeuille arbustif

Lonicera nitida Caprifoliacées

Signes particuliers Feuillage sombre vert foncé. Espèce tolérante qui sait s'adapter.

Entretien Plein soleil, mais de l'ombre en été. Maintenir humide, même en hiver. Protéger du gel et des vents froids. Engrais tous les 15 jours, du printemps à l'automne. Rempotage bisannuel au printemps.

Problèmes courants Aleurodes, pucerons et autres insectes suceurs de sève.

Originaire du sud-ouest de la Chine, c'est un arbuste persistant, à port dense portant des touffes de petites feuilles vert foncé. Si sa croissance rapide lui permet de se remettre facilement d'une taille sévère, il réagit aussi très bien à une taille d'entretien régulière, ce qui en fait l'arbuste idéal pour une haie. Planté dans une haie, on pourra le rabattre au niveau du sol en cas de fortes gelées et il repartira sans problème au printemps suivant. Le plus souvent rustique, vigoureuse et tolérante, *Lonicera nitida* est une plante facile à cultiver qui ne craint pas la conduite en bonsaï.

Styles et dimensions Tous les styles, sauf droit classique et en balai. Espèce adaptée à toutes les dimensions, et plus particulièrement aux bonsaïs mame, les plus petits de tous.

Taille et ligaturage FIN DE PRINTEMPS Taille de structure et ligaturage. Suppression du bois mort ou endommagé. Éclaircissage de la ramure. ÉTÉ ET DÉBUT D'AUTOMNE Rabattage sévère et systématique des nouvelles pousses pour conserver la forme souhaitée.

Se procurer un plant Par boutures herbacées au printemps, ou ligneuses en été. On peut aussi acheter un jeune plant en pépinière pour le former.

Ci-contre *Bonsaï semi-mature à tronc double avec un* jin *et une petite bande de bois écorcé sur le tronc.*

chèvrefeuille 'Baggesen's Gold'

Lonicera nitida 'Baggesen's Gold' Caprifoliacées

Signes particuliers Feuillage dense d'un jaune d'or brillant prenant une teinte jaune verdâtre en automne.

Entretien Plein soleil, mais de l'ombre en été. Maintenir humide, même en hiver. Protéger du gel et des vents froids. Engrais tous les 15 jours, du printemps à l'automne. Rempotage bisannuel au printemps.

Problèmes courants Aleurodes, pucerons et autres insectes suceurs de sève.

C'est un arbuste persistant à port dense, originaire du sud-ouest de la Chine. Il porte des masses de petites feuilles dorées prenant une teinte jaune verdâtre en automne. Grâce à sa croissance dense et rapide, il récupère facilement d'une taille sévère et réagit bien à une taille d'entretien régulière, ce qui en fait un candidat idéal dans une haie. On pourra alors le rabattre au niveau du sol par fortes gelées et il repartira facilement au printemps suivant. C'est une plante généralement rustique, vigoureuse et tolérante qui se prête aisément à la conduite en bonsaï.

Styles et dimensions Tous les styles, sauf droit classique et en balai. Espèce adaptée à toutes les dimensions, et plus particulièrement aux bonsaïs mame, les plus petits de tous.

Taille et ligaturage FIN DE PRINTEMPS Taille de structure et ligaturage. Suppression du bois mort ou endommagé. Éclaircissage de la ramure. ÉTÉ ET DÉBUT D'AUTOMNE Rabattage sévère et systématique des nouvelles pousses pour conserver la forme souhaitée.

Se procurer un plant Par boutures herbacées au printemps, ou ligneuses en été. On peut aussi acheter un jeune plant en pépinière pour le former.

Ci-contre *Jeune bonsaï conduit dans le style en radeau.*

Cotoneaster microphyllus

Rosacées

Signes particuliers Feuillage dense lustré, vert foncé, feuilles minuscules, fleurs blanches au printemps, petites baies rose rougeâtre.

Entretien Plein soleil. Maintenir humide, même en hiver. Protéger des fortes gelées. Engrais tous les 15 jours pendant la floraison, puis mensuel jusqu'au milieu de l'automne. Rempotage annuel jusqu'à 10 ans, puis tous les 2 ou 3 ans.

Problèmes courants Pucerons lanigères, cochenilles et autres insectes suceurs de sève, feu bactérien.

Cotoneaster microphyllus est un petit arbuste au feuillage persistant, originaire de Chine. Il se distingue par ses branches qui forment un dôme bas, des feuilles vert foncé lustrées et des petites fleurs blanches insignifiantes au printemps très appréciées des abeilles, ainsi que des petites baies rose rougeâtre qui tiennent parfois tout l'hiver. *Cotoneaster microphyllus* produit aussi d'innombrables petites branches grêles. C'est un arbuste facile à conduire en bonsaï, ses petites feuilles donnant vraiment l'impression d'un paysage miniature.

Styles et dimensions Tous les styles, sauf droit classique et du lettré. De toute petite à moyenne dimension.
Taille et ligaturage FIN DE PRINTEMPS Taille de structure. ÉTÉ ET DÉBUT D'AUTOMNE Pincement régulier. Taille des feuilles et des branchettes sur les nouvelles pousses pour une plante compacte.
Se procurer un plant Par boutures herbacées au milieu de l'été. On peut aussi acheter un jeune plant en pépinière pour le former ou acheter un jeune bonsaï déjà formé chez un fournisseur de bonsaïs.

Ci-contre *Bonsaï adulte aux racines exposées, de style droit informel.*

lierre commun

Hedera helix Araliacées

Signes particuliers Feuillage dense lobé, vert foncé (nombreux cultivars au feuillage panaché ou marbré). Fleurs verdâtres en automne et au début de l'hiver, aimées des dernières abeilles.

Entretien Apprécie une ombre partielle. Maintenir humide, même en hiver. Protéger du gel et des vents froids. Engrais tous les 15 jours, du printemps à l'automne. Rempotage bisannuel au printemps.

Problèmes courants Aleurodes, pucerons et autres insectes suceurs de sève.

Cette vigoureuse grimpante persistante, qui s'accroche par ses racines adventives, est originaire d'Europe et d'Asie occidentale. Robuste, d'une grande capacité d'adaptation, tolérant une situation ombragée et un sol pauvre et pollué, pousse là où aucune autre n'y parviendrait. Ses feuilles à trois ou cinq lobes forment un tapis de sol dense et impénétrable ou une couverture dense sur une plante hôte ou un arbre. Il existe deux formes de feuilles, celles des pousses grimpantes différentes de celles des pousses florifères très fertiles (sans lobes). Elle se prête bien à la conduite en bonsaï.

Styles et dimensions Droit informel, penché, en semi-cascade, au tronc partiellement tourmenté, aux racines qui enserrent la roche, planté sur la roche, à double et à triple tronc. Toutes les dimensions.

Taille et ligaturage FIN DE PRINTEMPS Taille de structure et ligaturage (retirez la ligature après 2 ou 3 mois). ÉTÉ ET AUTOMNE Rabattage régulier des nouvelles pousses (les pousses doivent être rabattues sévèrement en permanence pour conduire le tronc et lui conserver sa forme).

Se procurer un plant Par boutures ligneuses en automne, ou par marcottage ou marcottage aérien du printemps à l'automne. On peut aussi acheter un jeune plant en pépinière pour le former.

Ci-contre *Jeune bonsaï en formation, au tronc partiellement tourmenté et aux racines exposées.*

rhododendron 'Blue Tit'

Rhododendron Éricacées

Signes particuliers Feuillage dense vert foncé. Fleurs d'un superbe bleu lavande qui s'intensifie avec le temps.

Entretien Ombre partielle. Maintenir humide, même en hiver. Protéger du gel et des vents froids, mais aussi des fortes pluies pendant la floraison. Engrais tous les 15 jours, du printemps jusqu'à la floraison, puis mensuel jusqu'à l'automne. Rempotage annuel après la floraison, ou selon les besoins, dans un mélange sans chaux pour éricacées.

Problèmes courants Aleurodes, pucerons et autres insectes suceurs de sève, chlorose (jaunissement des feuilles).

Rhododendron 'Blue Tit' est l'un des nombreux hybrides rustiques de rhododendrons, créé à partir d'espèces du Caucase et de l'Himalaya. Il se distingue par un port dense, des masses de feuilles vert foncé et des petites fleurs bleu lavande en entonnoir. Portées en corymbes à l'extrémité des branchettes et des branches à la fin du printemps, leur couleur s'intensifie avec l'âge. Rustique et vigoureux, *Rhododendron* 'Blue Tit' est facile à cultiver et ne craint pas la conduite en bonsaï.

Styles et dimensions Tous les styles, sauf en balai. Toutes les dimensions.
Taille et ligaturage FIN DE PRINTEMPS Taille de structure et ligaturage. Raccourcir les nouvelles pousses. DÉBUT D'ÉTÉ Suppression des fleurs fanées et rabattage sévère des nouvelles pousses. ÉTÉ Raccourcir les nouvelles pousses pour conserver la forme souhaitée.
Se procurer un plant Par boutures herbacées au début de l'été ou par marcottage ou marcottage aérien au milieu de l'été. On peut aussi acheter un jeune plant en pépinière pour le former ou acheter un jeune bonsaï déjà formé chez un fournisseur de bonsaïs.

Ci-contre *Jeune bonsaï formé dans le style droit informel ; la roche ajoute une impression de naturel.*

Sageretia theezans

Rhamnacées

Signes particuliers Feuillage dense vert foncé. Couleur et texture de l'écorce intéressantes. L'écorce s'exfolie par plaques à intervalles réguliers.

Entretien Situation lumineuse en intérieur pas en plein soleil. Température minimale 12 °C. A besoin d'une atmosphère humide, vaporiser les feuilles chaque jour en cas de chauffage central. La maintenir humide, même en hiver. Engrais tous les 15 jours, du printemps à l'automne, mensuel en hiver. Rempotage bisannuel à la fin du printemps.

Problèmes courants Pucerons et autres insectes suceurs de sève, aleurodes, araignées rouges, chlorose (jaunissement des feuilles), brûlure du soleil en été (s'il est placé trop près d'une fenêtre).

Cet arbuste gélif, originaire du sud de la Chine, porte des touffes de feuilles minuscules d'un brun rosé très attrayant quand elles sont jeunes. Le tronc, d'une riche couleur brune, est couvert d'une écorce qui s'exfolie par plaques à intervalles réguliers, ce qui donne un effet marbré sur les vieux sujets. Il produit parfois des feuilles en été suivies de baies bleues s'il fait assez chaud et que l'arbre n'est pas taillé. D'origine tropicale, c'est une plante cultivée en bonsaï d'intérieur dans les régions tempérées. La petite taille de ses feuilles donne l'impression qu'il fait partie d'un paysage plus vaste.

Styles et dimensions Tous les styles, sauf en balai. Toutes les dimensions, sauf les très grandes.
Taille et ligaturage FIN DE PRINTEMPS Taille de structure. ÉTÉ ET AUTOMNE Raccourcir les nouvelles pousses à une ou à deux paires de feuilles.
Se procurer un plant Par boutures herbacées au printemps et en été. On peut aussi acheter un jeune bonsaï déjà formé chez un fournisseur de bonsaïs.

Ci-contre *Jeune bonsaï conduit dans le style, aux racines exposées.*

Serisa foetida

Rubiacées

Signes particuliers Feuillage dense vert foncé lustré. Profusion de minuscules fleurs blanches en été. Tronc lisse et gris.

Entretien Plein soleil en intérieur. Température minimale de 12 °C. Maintenir humide en été, plus sec en hiver et protéger des courants d'air. La plante demandant beaucoup d'humidité, on la vaporisera chaque jour, sauf pendant la floraison. Engrais tous les 15 jours, du printemps à l'automne, mensuel en hiver. Rempotage bisannuel au printemps.

Problèmes courants Pucerons et autres insectes suceurs de sève, aleurodes, araignées rouges et cochenilles.

Originaire de l'Inde, de la Chine et du Japon, *Serissa foetida* doit son nom latin à l'odeur fétide désagréable de son écorce et de ses racines. Il se distingue par une profusion de petites fleurs blanches groupées en grappes, qui n'éclosent en été que s'il fait très chaud, une abondance de toutes petites feuilles vert foncé, lustrées, persistantes, et un tronc à l'écorce lisse et grise. D'origine tropicale, il est préférable de le cultiver en bonsaï d'intérieur dans les régions tempérées car il est très sensible à la température.

Styles et dimensions Tous les styles, sauf droit classique et en balai. De moyenne à très petite dimension.
Taille et ligaturage FIN DE PRINTEMPS Taille de structure, suppression du bois mort ou endommagé et ligaturage (retrait de la ligature à l'automne). ÉTÉ ET AUTOMNE Rabattage systématique des nouvelles pousses à une ou deux paires de feuilles pour conserver la forme souhaitée.
Se procurer un plant Par boutures au printemps et en été. On peut aussi acheter un jeune bonsaï déjà formé chez un fournisseur de bonsaïs.

Ci-contre *Bonsaï semi-mature au tronc partiellement tourmenté.*

troène de Californie

Ligustrum ovalifolium Oléacées

Signes particuliers Feuillage dense vert foncé virant au pourpre en automne. Fleurs blanches en été.

Entretien Apprécie le plein soleil mais tolère une ombre partielle. Maintenir humide, même en hiver. Protéger du gel et des vents froids. Engrais tous les 15 jours, du printemps à l'automne. Rempotage annuel des jeunes sujets au printemps, puis bisannuel passé 10 ans.

Problèmes courants Aleurodes, pucerons et autres insectes suceurs de sève.

C'est un grand arbuste ou un petit arbre semi-persistant à croissance rapide. Originaire du Japon, il compte aujourd'hui parmi les arbustes les plus cultivés dans le monde. Souvent utilisé pour une haie, il se distingue par des feuilles vert foncé qui virent au pourpre en automne, un port dense et des panicules de fleurs blanches à l'odeur caractéristique en été, ainsi que par sa capacité à se remettre facilement d'une taille d'entretien comme d'une taille sévère. Rustique et vigoureux, *Ligustrum ovalifolium* est un arbre facile à cultiver qui ne craint pas la conduite en bonsaï.

Styles et dimensions Droit informel, penché, en balai, aux racines enserrant la roche, planté sur la roche, à double et à triple tronc, en radeau et à racine rampante et sinueuse, aux troncs groupés sur une seule souche et en forêt. Toutes dimensions.

Taille et ligaturage FIN DE PRINTEMPS Taille de structure et ligaturage. Éclaircissage des branches selon la forme souhaitée. ÉTÉ ET DÉBUT D'AUTOMNE Rabattage des pousses après la floraison. Taille régulière des nouvelles pousses pour conserver la forme souhaitée.

Se procurer un plant Par semis en automne (1 an après la récupération des graines), boutures herbacées en été, boutures ligneuses en hiver ou par marcottage en été. On peut acheter un jeune plant en pépinière pour le former.

Ci-contre *Jeune bonsaï conduit dans le style, aux troncs groupés sur une seule souche.*

troène de Chine

Ligustrum sinense Oléacées

Signes particuliers Feuillage dense vert foncé, tiges pubescentes, masses de petites fleurs à l'odeur caractéristique et fruits noir violacé.

Entretien Apprécie le plein soleil, mais tolère une ombre partielle. Maintenir humide, même en hiver. Protéger du gel et des vents froids. Engrais tous les 15 jours, du printemps à l'automne. Rempotage bisannuel au printemps.

Problèmes courants Aleurodes, pucerons et autres insectes suceurs de sève.

Originaire de Chine et du Vietnam, *Ligustrum sinense* est un grand arbuste ou un petit arbre semi-persistant au port étalé, à croissance rapide, aux tiges pubescentes et aux feuilles ovales. À la fin de l'été, il produit en abondance de longues panicules chargées de fleurs blanches à l'odeur caractéristique suivies de fruits noir violacé tout aussi nombreux. Vigoureuse, *Ligustrum sinense* est une plante facile à cultiver qui sait s'adapter et ne craint pas la conduite en bonsaï.

Styles et dimensions Droit informel, penché, en balai, aux racines qui enserrent la roche, planté sur la roche, à double et à triple tronc, en radeau et à racine rampante et sinueuse, aux troncs groupés sur une seule souche et en forêt. Toutes les dimensions.
Taille et ligaturage FIN DE PRINTEMPS Taille de structure et ligaturage. Éclaircissage des branches selon la forme souhaitée. ÉTÉ ET DÉBUT D'AUTOMNE Rabattage des pousses après la floraison. Taille régulière des nouvelles pousses pour conserver la forme souhaitée.
Se procurer un plant Par semis en automne (1 an après la récupération des graines), boutures herbacées en été, boutures ligneuses en hiver ou par marcottage en été. On peut aussi acheter un jeune plant en pépinière pour le former.

Ci-contre *Bonsaï adulte dans le style droit informel.*

arbustes caducs

Chaenomeles x superba

Rosacées

Signes particuliers Fleurs blanches, roses, orange ou rouges au début du printemps. Fruits jaune vif en automne.

Entretien Plein soleil. Maintenir humide et protéger du gel en hiver. Engrais de la fin de la floraison à la chute des feuilles. Rempotage annuel à la fin de l'hiver.

Problèmes courants Pucerons et autres insectes suceurs de sève, pourriture grise et feu bactérien.

Hybride d'espèces venues de Chine et du Japon, cet arbuste vigoureux porte des fleurs blanches, roses, orange ou rouges au début du printemps et de grands fruits comestibles jaunes en automne. Très apprécié dans les jardins pour sa rusticité, sa tolérance au vent et à une taille sévère et sa couleur, il est intéressant plusieurs mois dans l'année. Facile à conduire en bonsaï, il tolère des conditions de culture changeantes et une taille drastique. Il offrira le beau spectacle de ses fleurs chaque année.

Styles et dimensions Tous les styles sauf droit classique et en balai. De petite à moyenne dimension.
Taille et ligaturage MILIEU DE L'AUTOMNE Raccourcir à deux nœuds du bois de la saison de croissance les nouvelles pousses qu'on a laissé pousser pendant l'été. Ôter toutes les pousses basales. DÉBUT DE PRINTEMPS Ligaturage si nécessaire.
Se procurer un plant Par semis au début du printemps, par gourmands récupérés dans le jardin au début du printemps, boutures herbacées au milieu de l'été, ligneuses en automne et en hiver, ou par marcottage au début de l'été. On peut aussi acheter un jeune plant en pépinière pour le former. Le greffage est possible au début du printemps pour multiplier les hybrides déposés.

Ci-contre *Jeune bonsaï conduit dans le style, aux troncs groupés sur une seule souche.*

Cotoneaster horizontalis

Rosacées

Signes particuliers Structure de branche intéressante, fleurs roses au printemps, robe d'automne rouge feu et petites baies rouge vif qui tiennent longtemps sur l'arbre.

Entretien Plein soleil. Maintenir humide, même en hiver. Protéger des fortes gelées. Engrais tous les 15 jours, du printemps jusqu'à la floraison, puis mensuel jusqu'à l'automne. Rempotage annuel à la fin de l'hiver ou au début du printemps jusqu'à 10 ans d'âge puis selon les besoins.

Problèmes courants Pucerons lanigères, cochenilles et autres insectes suceurs de sève, feu bactérien.

Originaire de l'ouest de la Chine, *Cotoneaster horizontalis* est un arbuste à port très étalé, aux branches disposées en arête de poisson, naturellement très denses et grêles. Il porte des petites feuilles et des fleurs roses insignifiantes appréciées des abeilles, ainsi que des petites baies rouge vif qui tiennent parfois tout l'hiver. Rustique, tolérant le vent et une taille sévère, il offre un intérêt pendant plusieurs mois, notament pour sa couleur. C'est un arbuste facile à conduire en bonsaï.

Styles et dimensions Droit informel, penché, balayé par les vents, aux racines qui enserrent la roche, planté sur la roche, à double et à triple tronc, en paysage miniature et en forêt. De moyenne à petite dimension.
Taille et ligaturage FIN D'HIVER ET DÉBUT DE PRINTEMPS Taille de structure et ligaturage. FIN DE PRINTEMPS ET ÉTÉ Pincement, taille des feuilles et des branchettes sur les nouvelles pousses pour encourager la croissance naturellement dense de la plante.
Se procurer un plant Par semis en automne ou au printemps, marcottage spontané dans le jardin ou boutures herbacées au milieu de l'été et boutures ligneuses en automne et en hiver. On peut aussi acheter un jeune plant en pépinière pour le former.

Ci-contre *Bonsaï semi-mature conduit dans un style en semi-cascade.*

Cotoneaster simonsii

Rosacées

Signes particuliers Feuilles coriaces vert foncé virant au rouge en automne, fleurs roses au début de l'été et grosses baies rouge vif.

Entretien Plein soleil mais à protéger des fortes gelées. Maintenir humide en toute saison. Engrais tous les 15 jours, du printemps jusqu'à la floraison, puis mensuel jusqu'à l'automne. Rempotage annuel au début du printemps.

Problèmes courants Pucerons lanigères, cochenilles et autres insectes suceurs de sève, feu bactérien.

C'est un arbuste érigé semi-persistant originaire du Népal et du Bhoutan, régions de l'Himalaya où la résistance est essentielle à la survie. Il affiche des petites feuilles coriaces vertes qui virent au rouge en automne, et de petites fleurs roses suivies de grosses baies rouge vif. C'est une plante au port dense qui produit de longues branches raides. Il est facile à cultiver en bonsaï car il supporte des conditions de culture changeantes et accepte d'être taillé dès son plus jeune âge.

Styles et dimensions Droit informel, penché, en semi-cascade, en cascade, aux racines qui enserrent la roche, planté sur la roche, à double et à triple tronc, en paysage miniature et en forêt. De très petite à moyenne à dimension.

Taille et ligaturage DÉBUT DE PRINTEMPS Taille de structure et ligaturage. FIN DE PRINTEMPS ET ÉTÉ Pincement des nouvelles pousses pour encourager une croissance compacte. Taille des feuilles et des branchettes pour conserver la forme choisie.

Se procurer un plant Par semis en automne, boutures herbacées au milieu de l'été et boutures ligneuses en automne et en hiver. On peut aussi acheter un jeune plant en pépinière pour le former.

Ci-contre *Un groupe de jeunes bonsaïs conduits en forêt.*

glycine de Chine

Wisteria sinensis Légumineuses

Signes particuliers Feuillage penné vert vif, racèmes pendants de fleurs bleu violacé au début de l'été avec parfois une seconde floraison au début de l'automne. Branches tordues.

Entretien Plein soleil. Maintenir humide toute l'année. Dans un plateau rempli d'eau pendant les grandes chaleurs d'été. Protéger des fortes gelées. Engrais tous les 15 jours, après la floraison et en automne. Rempotage tous les 3 ans à la fin de l'hiver ou au début du printemps.

Problèmes courants Cochenilles, pucerons et autres insectes suceurs de sève.

Originaire de Chine, *Wisteria sinensis* est une grimpante vigoureuse à feuillage caduc, dont les branches dépassent parfois 30 m de long. Cette glycine se distingue par des feuilles pennées vert vif, de longs racèmes de fleurs odorantes bleu violacé au début de l'été avec parfois une remontée au début de l'automne, et de longues branches tordues.

Styles et dimensions Droit informel, penché, balayé par les vents, en semi-cascade, en cascade, aux racines qui enserrent la roche, planté sur la roche. De moyenne à très grande dimension.
Taille et ligaturage HIVER Taille de structure. Été Taille des feuilles, des branchettes et des branches après la floraison. FIN D'ÉTÉ ET AUTOMNE Taille des branchettes et des branches, rabattage des nouvelles pousses à deux ou à trois paires de feuilles.
Se procurer un plant Par semis en automne, marcottage et marcottage aérien en été, boutures ligneuses en hiver ou par greffage au début du printemps. On peut aussi acheter un jeune plant en pépinière pour le former.

Ci-contre *Bonsaï semi-mature aux racines exposées.*

jasmin d'hiver

Jasminum nudiflorum Oléacées

Signes particuliers Petites feuilles vert foncé et fleurs jaune vif sur des branches nues en hiver et au début du printemps.

Entretien S'il apprécie une situation ensoleillée, on le protégera du plein soleil en été et des fortes gelées en hiver. Arrosage quotidien en été. Ne pas laisser le sol se dessécher même en hiver. Engrais tous les 15 jours, du printemps au début de l'automne. Rempotage annuel à l'automne.

Problèmes courants
En principe aucun, mais il est sensible à la pollution et à un arrosage insuffisant.

Originaire de l'ouest de la Chine, *Jasminum nudiflorum* arbore des fleurs jaune vif portées sur le bois nu de la saison précédente dès le milieu de l'hiver. On le cultive souvent en arbuste à palisser contre un mur pour ses branches arquées, teintées de vert, couvertes de petites feuilles étroites vert sombre tout l'été. *Jasminum nudiflorum* tolère des conditions de culture difficiles et une taille sévère, ce qui en fait un bon candidat à la conduite en bonsaï, sans parler de la petite taille de ses feuilles et de ses fleurs, à elle seule un gage de réussite.

Styles et dimensions Droit informel, penché, en semi-cascade, aux racines qui enserrent la roche, planté sur la roche, à double et à triple tronc, en paysage miniature et en forêt. De très petite à moyenne à dimension.

Taille et ligaturage FIN DE PRINTEMPS ET DÉBUT D'ÉTÉ Rabattage de toutes les nouvelles pousses à une paire de feuilles. AUTOMNE Taille des branches et rabattage des jeunes branches à trois ou à quatre paires de feuilles.

Se procurer un plantt Par marcottage spontané au jardin, marcottage aérien en été ou boutures herbacées en été. On peut aussi acheter un jeune plant en pépinière pour le former.

Ci-contre *Bonsaï semi-mature conduit dans le style à double tronc, avec un* jin *au sommet du tronc principal.*

noisetier tortueux 'Contorta'

Corylus avellana Corylacées

Signes particuliers Chatons jaunes à la fin de l'hiver et noisettes comestibles en automne. Structure des branches intéressante.

Entretien Plein soleil avec une ombre légère en été. Maintenir humide, surtout quand les noisettes se développent. Engrais tous les 15 jours, en été. Rempotage bisannuel à la fin de l'hiver ou au début du printemps.

Problèmes courants Les pucerons et autres insectes suceurs de sève attaquent parfois la plante, mais elle est le plus souvent épargnée par les ravageurs et les maladies.

Forme tortueuse et tourmentée du noisetier, *Corylus avellana* 'Contorta' est un arbuste vigoureux originaire de l'hémisphère Nord. Il porte des feuilles coriaces et tordues qui nuisent à l'esthétique du bonsaï en été, mais produit des noisettes comestibles en automne, des branches à la structure intéressante en hiver, et des chatons jaunes décoratifs à la fin de l'hiver. 'Contorta' tolère des conditions de culture changeantes et une taille drastique, ce qui en fait un bon candidat à la conduite en bonsaï. Issu d'une greffe, il a tendance à pousser de la base du greffon ou du porte-greffe.

Styles et dimensions Tous les styles, sauf droit classique et en balai. De préférence de moyenne à grande dimension avec un seul tronc, ce bonsaï étant généralement issu d'une greffe sur un noisetier porte-greffe.

Taille et ligaturage HIVER Taille de structure et ligaturage. DU PRINTEMPS À L'AUTOMNE Taille régulière des feuilles et des branchettes et parfois des branches.

Se procurer un plant Par marcottage, marcottage aérien ou par greffage sur un porte-greffe *Corylus avellana*, au printemps dans tous les cas. On peut aussi acheter un jeune plant en pépinière pour le former.

Ci-contre *Bonsaï semi-mature dans le style droit informel.*

physocarpe 'Dart's Gold'

Physocarpus opulifolius Rosacées

Signes particuliers Feuilles jaune d'or trilobées, fleurs blanches teintées de rose en été, feuillage d'automne doré. Écorce décorative qui s'exfolie en hiver.

Entretien En plein soleil pour garder sa couleur au feuillage. Maintenir humide et protéger des fortes gelées. Engrais tous les 15 jours, du printemps jusqu'à la floraison, puis mensuel jusqu'à l'automne. Rempotage bisannuel au début du printemps.

Problèmes courants En principe aucun mais on traquera régulièrement les pucerons et autres insectes suceurs de sève. Oïdium si l'été est sec.

Originaire d'Amérique du Nord, *Physocarpus opulifolius* 'Dart's Gold' arbore un feuillage jaune d'or aux feuilles trilobées, des fleurs blanches teintées de rose en été, une robe d'automne dorée et une belle écorce qui s'exfolie. Il prospérera un peu partout dans un sol humide et aéré. Superbe lorsqu'il est en feuilles au printemps et en été, *Physocarpus opulifolius* 'Dart's Gold' est un bon candidat à la conduite en bonsaï qui développe facilement une ramure intéressante.

Styles et dimensions Droit informel, penché, balayé par les vents, à double et à triple tronc, en paysage miniature et en forêt. Toutes les dimensions.
Taille et ligaturage HIVER Taille de structure et ligaturage. Suppression de toutes les nouvelles pousses en cépée au niveau du sol. PRINTEMPS ET ÉTÉ Pincement. Taille des feuilles et des branchettes sur les pousses les plus récentes pour conserver la forme choisie.
Se procurer un plant Par marcottage spontané au jardin, marcottage aérien en été, boutures herbacées au milieu de l'été et ligneuses en automne et en hiver. On peut aussi acheter un jeune plant en pépinière pour le former.

Ci-contre *Bonsaï semi-mature de style droit informel.*

Potentilla fruticosa 'Princess'

Rosacées

Signes particuliers Feuillage gris vert presque toute l'année, écorce fissurée et fleurs rose pâle à cœur jaune tout l'été et au début de l'automne.

Entretien Plein soleil mais tolère une ombre partielle. Maintenir humide. Engrais tous les 15 jours, du printemps à l'automne. Rempotage bisannuel au printemps.

Problèmes courants
En principe aucun mais on traquera régulièrement les pucerons et autres insectes suceurs de sève.

Potentilla fruticosa est originaire des régions tempérées de l'hémisphère Nord. 'Princess' se distingue par de petites feuilles vert-gris, une écorce fissurée et de délicates petites fleurs rose pâle à cœur jaune portées tout l'été. Si *Potentilla fruticosa* compte de nombreux cultivars, 'Princess' est particulièrement intéressante dans sa forme miniaturisée pour son port étalé et sa ramure dense. Elle apprécie particulièrement la taille d'entretien et de formation de la culture en bonsaï.

Styles et dimensions Tous les styles, sauf droit classique et du lettré. De très petite à moyenne dimension.
Taille et ligaturage HIVER Taille de structure et ligaturage. PRINTEMPS, ÉTÉ ET DÉBUT D'AUTOMNE Pincement systématique et taille des branchettes pour encourager une croissance compacte et conserver la forme choisie.
Se procurer un plant Par semis en automne et en hiver, marcottage spontané au jardin, boutures herbacées au début de l'été ou greffage au début du printemps. On peut aussi acheter un jeune plant en pépinière pour le former.

Ci-contre *Jeune bonsaï conduit en balai.*

viorne obier

Viburnum opulus Caprifoliacées

Signes particuliers Feuilles lobées rappelant les feuilles d'érable, fleurs blanches à la fin de l'été, riches couleurs d'automne et baies rouge vif brillantes portées jusqu'au milieu de l'hiver.

Entretien En plein soleil mais à l'ombre au milieu de l'été. Maintenir humide pour prévenir la chute des feuilles. Engrais tous les 15 jours, du printemps jusqu'à la floraison, puis mensuel jusqu'en automne. Rempotage bisannuel à la fin de l'hiver ou au début du printemps.

Problèmes courants
En principe aucun mais traquez régulièrement les pucerons noirs de la fève, les pucerons et autres insectes suceurs de sève.

Originaire d'Europe, du nord et de l'ouest de l'Asie et d'Afrique du Nord, *Viburnum opulus* pousse naturellement dans les haies et bois et préfère un environnement humide ou marécageux. Arbuste vigoureux au port étalé dont le feuillage lobé rappelle celui des érables, il a des fleurs blanches en fin d'été, de belles couleurs d'automne rouge, orangé et jaune et des baies rouge vif brillantes jusqu'en milieu d'hiver. Il est facile à conduire en bonsaï, car vigoureux et tolérant une taille sévère.

Styles et dimensions Droit informel, penché, balayé par les vents, en semi-cascade, en cascade, à double et à triple tronc, en paysage miniature et en forêt. De petite à grande dimension.
Taille et ligaturage HIVER Taille de structure et ligaturage. Suppression de toutes les nouvelles pousses en cépée au niveau du sol. PRINTEMPS ET ÉTÉ Pincement. Taille des feuilles et des branchettes sur les nouvelles pousses pour conserver la forme choisie.
Se procurer un plant Par semis en hiver ou au printemps, marcottage spontané dans le jardin, boutures herbacées en été ou ligneuses en automne et en hiver. On peut acheter un jeune plant en pépinière pour le former.

Ci-contre *Bonsaï semi-mature conduit dans le style droit informel.*

glossaire

Adelges Petits insectes suceurs de sève ressemblant aux pucerons, associés aux conifères. Proches parents des pucerons laineux, ils sécrètent un miellat cireux et duveteux provoquant des dommages variables allant d'un simple problème esthétique à la mort de l'arbre.

Aleurodes Ce petit insecte ravageur aux ailes blanches prospère généralement sur les plantes d'intérieur et dans les serres, mais aussi à l'extérieur dans les endroits abrités. Les aleurodes se regroupent à l'extrémité ou au revers des feuilles et souvent dans les bourgeons floraux, formant un véritable petit nuage quand on les dérange. Comme les pucerons, ils provoquent un certain nombre de dégâts en aspirant la sève, les feuilles sont déformées et couvertes d'un miellat poisseux qui encourage la prolifération des champignons. On luttera avec un insecticide systémique, un bon ménage et en laissant les arbres à l'extérieur ou dans un endroit avec une bonne circulation d'air.

Araignées rouges Ces petits insectes tissent une toile épaisse entre les branchettes, les branches et les aiguilles des arbres. Ils s'attaquent souvent aux conifères, provoquant le jaunissement des aiguilles, lesquelles virent ensuite au brun avant de tomber. Ces araignées prospèrent par temps chaud et sec et hibernent dans les arbres à feuillage caduc. On lutte avec un acaricide systémique et en vaporisant souvent les arbres par temps sec pour augmenter l'humidité.

Balais de sorcière Les plantes sont déformées, les branchettes en surnombre forment de petits groupes qui ressemblent à des balais. Les balais de sorcière ont pour origine des micro-organismes, des champignons, des acariens, des pucerons, une mutation génétique ou un stress lié à leur environnement. Les *Acer*, les saules *(Salix)*, les pins *(Pinus)* et les épicéas *(Picea)* y sont particulièrement sensibles. Il n'existe aucun remède, sinon une taille systématique sur les bonsaïs dès qu'on les repère.

Buprestes Coléoptères xylophages à la carapace et aux ailes dorées qui affectent principalement les conifères (Voir Scolytes).

Chancres Sections de bois mort sur les branches ou le tronc principal des arbres. Ce phénomène est souvent dû aux tondeuses, aux taille-haies et aux taille-bordures, les branches cassées étant ensuite exposées au vent, ou par la propagation de bactéries ou de champignons incapables de pénétrer directement dans l'écorce, mais qui vont rapidement coloniser le tissu malade. Les chancres peuvent provoquer de lourds dégâts, affectant l'écorce sur toute une zone, ce qui va ensuite provoquer le dépérissement de toutes les parties de la plante situées au-dessus de la zone d'infection d'origine, et parfois même la mort de toute la plante. On pourra lutter contre les chancres en évitant d'agresser et d'affaiblir la plante grâce à une bonne fertilisation, un arrosage adapté et une bonne hygiène allant de pair avec un bon ménage, mais aussi en supprimant tout le bois malade (un processus qui prend parfois plusieurs années).

Charançons Ces petits coléoptères se reconnaissent à leur tête en forme de groin.

Les adultes se nourrissent la nuit, laissant des entailles caractéristiques en forme de 'C' au bord des feuilles. Les larves apodes vivent et grandissent dans la terre, se délectant des racines de l'arbre ou d'une plante voisine. La première trace de cette infestation est parfois la mort subite de la plante sans raison apparente jusqu'à ce que l'on découvre la présence de petites larves blanches et dodues évoquant des vers lorsque l'on inspecte le sol. On luttera par une inspection régulière du substrat et un bon ménage, en jetant la terre abritant les œufs ou les larves, et en enlevant à la main les charançons adultes la nuit ou en traitant avec un insecticide adapté. Procédez à un examen attentif des nouvelles plantes, les charançons étant souvent introduits dans la terre suite à un nouvel achat.

Chenilles Les chenilles, qui sont les larves des papillons et des papillons de nuit, causent tout une série de dégâts sur les bonsaïs pouvant aller jusqu'à la défoliation. Elles creusent des galeries dans les feuilles, les enroulent et les enveloppent de leurs soies, créant ainsi des nids soyeux. Certaines se nourrissent également de l'écorce. On lutte en les supprimant à la main ou en vaporisant la plante d'un insecticide systémique ou de contact.

Chenille processionnaire du pin Les larves de cet insecte primitif ressemblent à celles des chenilles de papillons et attaquent la plupart des pins, se nourrissant des vieilles aiguilles et parfois du bois de l'année. Défoliant littéralement l'arbre, ce dernier ressemble à un goupillon où seules ont survécu les jeunes pousses. Sur les bonsaïs, la meilleure solution sera de les supprimer à la main. On repérera les aiguilles couvertes d'œufs en hiver qu'il faudra supprimer et brûler, et on enlèvera les chenilles en été.

Chlorose Jaunissement ou blanchissement des feuilles le plus souvent dû à un manque de chlorophylle, lequel est généralement la conséquence d'une carence en minéraux liée à un arrosage excessif, les minéraux étant emportés avec l'eau, ou résulte de l'utilisation d'un substrat inadapté.

Chute des aiguilles du mélèze Bien que les mélèzes, espèce caduque, aient tendance à perdre sérieusement leurs aiguilles au mauvais moment de l'année, il arrive que la chute des aiguilles du mélèze soit tout simplement la conséquence d'un mauvais arrosage ou de fortes gelées. Elle peut aussi résulter d'une infection fongique ou d'une infestation de pucerons, d'adelges et d'araignées rouges.

Cochenilles Insectes à la carapace molle ou dure, d'environ 3 mm de long, les cochenilles sont des sédentaires qui colonisent les feuilles et les branches des bonsaïs. Leur présence peut conduire à la déformation du tronc, la mort des branches et la chute des feuilles et des aiguilles. On traite les cochenilles avec un alcool méthylique ou un insecticide approprié, sachant toutefois qu'il est très difficile de s'en débarrasser.

Cochenilles farineuses De minuscules insectes suceurs de sève sécrétant une cire blanche, duveteuse, dans laquelle ils protègent leurs œufs, colonisent les feuilles par plaques. La plante affectée ne peut plus opérer normalement la photosynthèse, sa croissance s'affaiblit, les feuilles jaunissent et finissent parfois par tomber. On luttera avec un insecticide systémique ou en traitant localement avec un alcool méthylique.

Coléoptères Voir Scolytes et Hannetons.

Dépérissement Flétrissement des branchettes et des branches qui conduit parfois à la mort de la plante. Le dépérissement qui affecte les conifères comme les feuillus est souvent dû à un affaiblissement de la plante suite à une période de sécheresse, à sa colonisation par des scolytes, à une infection bactérienne ou fongique, et parfois même à de fortes gelées. On rabattra et on brûlera tout le bois contaminé et on luttera en maintenant un sol très fertile grâce à un apport de phosphore et de potassium et un arrosage suivi.

Feu bactérien Maladie bactérienne qui provoque le flétrissement et le noircissement des fleurs, et gagne peu à peu le feuillage voisin, provoquant le noircissement et le dessèchement des feuilles, suivi d'un dépérissement de la plante. Il faudra rabattre et brûler le bois contaminé car il n'existe aucun traitement chimique. Le feu bactérien affecte les membres de la famille des rosacées comme les pommiers et les poiriers d'ornement *(Malus)*, les alisiers blancs et les sorbiers *(Sorbus)*, les pyracanthas, les aubépines *(Crataegus)* et les cotoneasters.

Hannetons Grands coléoptères qui dévorent les feuilles et les fleurs de nombreux arbres et arbustes à feuillage caduc provoquant des dégâts mineurs. En revanche, les larves, de gros vers bien gras, qui se nourrissent des racines des plantes, peuvent provoquer de sérieux dégâts. On luttera en les retirant à la main au fur et à mesure qu'on les repérera sur la plante.

Maladie du corail Des taches couleur corail apparaissent sur l'écorce de l'arbre, généralement sur le bois mort ou très affaibli, et sont dues à un champignon. Lorsque la maladie du corail affecte le tronc d'un arbre, cela indique généralement que l'arbre est en train de mourir. On lutte en rabattant et en brûlant le bois contaminé et les débris organiques comme les feuilles tombées de l'arbre. Des branchettes contaminées témoignent de conditions de culture stressantes : revoyez le programme d'arrosage et de fertilisation pour garder l'arbre en bonne santé.

Mildiou Maladie fongique pouvant potentiellement affecter toutes les plantes. De petites taches jaune verdâtre apparaissent sur les feuilles, tandis que des taches blanches se forment au revers et que l'extrémité des feuilles flétrit, influant sur la photosynthèse, la santé et la vigueur de l'arbre. Ce champignon prolifère par temps froid et humide. On lutte en traitant avec un fongicide systémique ou du soufre en poudre et en brûlant toutes les branches et les feuilles contaminées. Un bon arrosage est essentiel, et il faudra fertiliser avec un engrais pauvre en azote pour limiter le développement de nouvelles pousses gorgées de sève, cible principale du mildiou.

Mineuse du bouleau Les larves de ce ravageur pondent leurs œufs sur le revers des feuilles du bouleau ou sur le sol et se nourrissent en creusant des galeries dans le tissu foliaire jusqu'à ce qu'elles ressortent de la mine, tombent au sol, se métamorphosent en pupe et éclosent, devenant à leur tour une mouche mineuse. Les dégâts ont parfois l'air important mais l'arbre affecté récupère facilement et produit de nouvelles feuilles. Les arbres stressés étant les plus vulnérables, une bonne fertilisation, un arrosage approprié et une bonne hygiène allant de pair avec un bon ménage seront le meilleur moyen de lutter.

Mineuse du houx Le ver d'une petite mouche qui vit sur les feuilles de houx et creuse des galeries superficielles laissant la trace visible de son passage. Il n'existe aucune solution sinon la suppression des feuilles une par une.

Oïdium L'oïdium est une infection fongique qui peut affecter pratiquement toutes les plantes. Les champignons forment un feutrage blanc sur toutes les parties de l'arbre, qui s'étale et épaissit avec le temps, nuisant à la photosynthèse, à la bonne santé et à la vigueur de la plante. Ces champignons prospèrent par temps chaud et sec. On traitera avec un fongicide systémique ou du soufre en poudre. Toutes les feuilles et les branches contaminées devront être supprimées et brûlées.

Phytoptes Petits acariens qui pondent leurs œufs dans les bourgeons de certaines espèces comme les *Acer*, les frênes *(Fraxinus)*, les bouleaux *(Betula)*, les peupliers *(Populus)*, les tilleuls *(Tilia)* et les *Prunus*. Les dégâts causés par les larves et les hormones sécrétées par les phytoptes provoquent des déformations : l'arbre grossit ou s'arrondit anormalement par endroits. Ce grossissement, appelé galle dans certains cas, s'apparente à une feuille s'enroulant sur elle-même, à une cloque ou à un bourgeon ou une fleur déformée. Les dommages sont inesthétiques, mais ne sont pas mortels, et chaque espèce a ses propres phytoptes. On lutte généralement en rabattant et en supprimant les pousses affectées.

Piéride du chou On distingue la petite piéride du chou qui s'attaque particulièrement au chou et la grande piéride qui s'attaque entre autres aux arbres. La grande piéride du chou est un papillon à trois paires de pattes bien développées, souvent de couleur claire. Les œufs sont déposés sur les feuilles dévorées ensuite par les chenilles qui peuvent aller jusqu'à défolier l'arbre si on les repère trop tard. On luttera en les supprimant à la main.

Pourriture des racines Une zone spongieuse et brune signalant la pourriture du bois se développe sur les racines et à la base de l'arbre sur la partie au ras du sol (le collet). Cette pourriture est due à une décomposition de la structure ligneuse provoquée par des micro-organismes appréciant l'humidité. La pourriture des racines peut entraîner la réduction de la masse racinaire, ce qui conduit à un brunissement et à un dessèchement du feuillage. Les aiguilles commencent alors à tomber et l'arbre peut flétrir très rapidement. Il n'existe aucun traitement chimique, mais on pourra améliorer le drainage, et veiller à ne jamais laisser la plante stagner dans l'eau. Il sera préférable de brûler les sujets très atteints.

Problèmes des racines Un grand nombre de problèmes peuvent affecter les racines, y compris la pourriture des racines (entrée ci-contre), leur décomposition, les infections dues aux champignons et aux parasites comme les pucerons et les cochenilles farineuses, les charançons, les larves de hannetons (voir Hannetons) et d'autres larves se nourrissant de racines. On lutte généralement par une bonne hygiène qui va de pair avec un bon ménage, une inspection régulière de l'arbre, le rempotage dans un nouveau substrat si nécessaire et un arrosage approprié soigneusement dosé.

Pucerons Petits insectes suceurs de sève qui colonisent les jeunes pousses pour s'en nourrir. Les pucerons sécrètent un miellat qui conduit au développement d'une fumagine. Il existe des pucerons de toutes les couleurs, ils peuvent être spécifiques à une espèce, tels les pucerons du hêtre, et sont parfois porteurs de virus. La lutte prend des formes variées : on pourra s'en débarrasser en arrosant les tiges au jet, utiliser un insecticide ou introduire des prédateurs naturels comme les coccinelles, les syrphes ou les larves de chrysope. Pour limiter les risques d'une nouvelle infestation, utilisez un engrais pauvre en azote qui préviendra la production excessive de pousses gorgées de sève.

Pucerons lanigères Certains pucerons s'enveloppent d'une substance blanche et cireuse qui s'apparente à un duvet recouvrant le tronc, les branches et les branchettes du bonsaï. L'efficacité de cette couverture est telle qu'il est très difficile de se débarrasser de ces ravageurs. On s'aidera d'un insecticide ou en traitant localement avec un alcool méthylique.

Rouilles Ce terme recouvre l'un des plus grands groupes de champignons parasites sur les plantes, lesquels peuvent provoquer de sérieux dégâts. Les rouilles sont spécifiques à une plante, par exemple la rouille des sorbiers qui affectera uniquement les sorbiers, etc. Elles se manifestent par la présence de grandes taches jaunes qui se développent sur les feuilles et les tiges, et par l'apparition de cloques qui éclatent pour libérer un liquide orange. La résine risque alors de s'écouler par la plaie, les feuilles flétrissent et tombent, les pousses présentent une croissance déformée et des taches rouges apparaissent sur les aiguilles des conifères. Les symptômes sont nombreux, généralement repérables par la couleur rouille. On luttera avec un fongicide antirouille et il faudra brûler les feuilles et les branches contaminées.

Scolytes Ces minuscules coléoptères creusent des galeries sous l'écorce des arbres, souvent des conifères, provoquant des dégâts en interrompant la circulation de la sève et en laissant les champignons proliférer dans ces galeries. L'écorce tombe et les branches risquent le dépérissement dans les cas extrêmes. Les larves aggravent encore les dégâts en creusant des galeries perpendiculaires à celles de leurs parents xylophages. La lutte consiste à supprimer et à brûler tout le bois infecté, à enrichir le mélange terreux de phosphore et de potassium ou à utiliser un insecticide puissant à base d'huile.

Taches foliaires Maladie due à un champignon provoquant des taches rondes ou ovales sur les feuilles ; ces taches sont blanches virant parfois au brun ou grises virant au noir. La prolifération de ce champignon conduit parfois au flétrissement des feuilles et à leur chute prématurée. Il faudra supprimer et brûler toutes les feuilles contaminées et traiter la plante avec un fongicide systémique.

Taches noires Ces taches sont dues à un champignon qui affecte généralement les rosiers mais qui touche aussi d'autres membres de la famille des rosacées, provoquant des zones noires inesthétiques sur les feuilles et la chute prématurée de ces dernières. Les taches noires apparaissent surtout par temps humide et se propagent lorsque l'on éclabousse les feuilles. On y remédie en brûlant toutes les feuilles contaminées et en traitant avec un fongicide systémique.

Tordeuses Les chenilles de ces insectes relient les feuilles entre elles ou les enroulent de leurs soies. Des taches brunes apparaissent aussi sur les feuilles. On lutte en enlevant les chenilles ou les feuilles à la main, ou en traitant avec un insecticide.

index

découvrez toute la collection :

120 variétés de
plantes aromatiques
à faire pousser
à la maison

200 compositions
pour **un balcon**
ou un mini-jardin
fleuri toute l'année

120 variétés de
bonsaï
pour rester zen et leur
guide de survie

des légumes
frais & sains
toute l'année
dans mon potager

les 6 techniques pour
tailler
haies, arbustes & rosiers
comme un pro

200 vivaces pour
un jardin fleuri toute l'année

L'ESSENTIEL DU JARDIN À PRIX MINI | **240 PAGES D'IDÉES, DE BONNES PRATIQUES ET D'ASTUCES DE PRO**

MINI PRIX ! 5,90€ MINI PRIX !

LES NAINS DE JARDIN
MARABOUT
www.marabout.com